权威·前沿·原创

皮书系列为
"十二五""十三五"国家重点图书出版规划项目

BLUE BOOK

智库成果出版与传播平台

北京养老服务蓝皮书

BLUE BOOK OF
AGED CARE SERVICE IN BEIJING

北京养老服务发展报告（2019）

DEVELOPMENT REPORT OF AGED CARE SERVICE IN BEIJING(2019)

养老机构

张航空　江　华　王永梅　张立龙　著

社会科学文献出版社
SOCIAL SCIENCES ACADEMIC PRESS (CHINA)

图书在版编目(CIP)数据

北京养老服务发展报告.2019：养老机构/张航空等著.--北京：社会科学文献出版社，2020.1
（北京养老服务蓝皮书）
ISBN 978-7-5201-5892-3

Ⅰ.①北… Ⅱ.①张… Ⅲ.①养老院-服务业-产业发展-研究报告-北京-2019 Ⅳ.①F726.99

中国版本图书馆CIP数据核字（2019）第288860号

北京养老服务蓝皮书
北京养老服务发展报告（2019）
——养老机构

著　者／张航空　江　华　王永梅　张立龙

出 版 人／谢寿光
责任编辑／易　卉　胡庆英
文稿编辑／张真真

出　　　版	社会科学文献出版社·群学出版分社（010）59366453
	地址：北京市北三环中路甲29号院华龙大厦　邮编：100029
	网址：www.ssap.com.cn
发　　　行	市场营销中心（010）59367081　59367083
印　　　装	三河市东方印刷有限公司
规　　　格	开本：787mm×1092mm　1/16
	印张：12.25　字数：176千字
版　　　次	2020年1月第1版　2020年1月第1次印刷
书　　　号	ISBN 978-7-5201-5892-3
定　　　价	128.00元

本书如有印装质量问题，请与读者服务中心（010-59367028）联系

▲ 版权所有 翻印必究

作者简介

张航空 老年学博士，中国人民大学北京社会建设研究院、人口与发展研究中心副教授，硕士生导师，中国老年学和老年医学学会理事，北京市人口学会理事。主持国家社科基金项目1项、北京市社科基金项目1项、全国老龄办招标项目2项、北京市委组织部优秀人才资助项目1项，主持和参与其他项目10余项。2008年以来共发表学术论文30余篇，出版专著1部，作为副主编参编《北京养老产业发展报告（2015）》《北京居家养老发展报告（2016）》《北京康复辅助器具（老年）发展报告（2018）》。

江　华 经济学博士、工商管理博士后，首都经济贸易大学劳动经济学院副教授，博士生导师，社会保障与养老服务研究中心副主任，曾在企业工作1年、在政府机关工作7年，目前主要从事社会保障、养老服务、人力资源管理相关研究。近年先后在《中国人口科学》《经济管理》等期刊发表论文19篇，出版专著《社会保障经济公平的非均衡发展》《北京市养老机构运营模式与可持续发展研究》《北京康复辅助器具（老年）发展报告（2018）》，获得人力资源社会保障部级三等奖成果奖励2项、优秀奖1项（排名第一），省级科技进步三等奖1项（排名第四），主持国家社科基金青年项目1项，主持省部级项目5项，主持企业委托人力资源管理咨询项目5项，参与国家社科基金重大项目2项、国家社科基金一般项目2项、国家自然基金项目1项和其他省部级科研项目10余项，第二作者出版专著2部、参与编写北京养老产业蓝皮书2部。

王永梅 老年学博士、应用经济学博士后，首都经济贸易大学劳动经济学院讲师，主要从事养老服务保障、老龄社会治理和农村养老等研究工作。近年来，先后在《人口研究》、《人口与发展》、《中国特色社会主义研究》、《北京行政学院学报》、Development and Society 等国内外期刊发表论文近30篇，翻译出版《年龄歧视》，主持国家社科基金一般项目1项和其他省部级项目2项，并作为核心成员获得4项省部级科研成果奖励。参与国家社科基金项目、教育部重大项目以及来自中央财办、国资委、全国老龄办、联合国人口基金、世界银行等的科研项目10余项，并参与《回顾与展望：中国老人养老方式转变》《老年社会学》《北京康复辅助器具（老年）发展报告（2018）》《2018年中国社会形势分析与预测》《2019年中国社会形势分析与预测》《2020年中国社会形势分析与预测》等10余部著作的撰写。

张立龙 首都经济贸易大学劳动经济学院讲师。2016年毕业于中国社会科学院研究生院人口与劳动经济系，获得博士学位。2016~2018年，中国社会科学院农村发展研究所博士后。研究方向为人口社会学、养老保障、社会学定量研究方法。曾主持中国博士后科学基金面上资助项目；作为成员参与国家社会科学基金项目、中国社会科学院资助项目等多项研究课题。曾在《中国人口科学》《社会保障研究》等期刊发表论文。

首都经济贸易大学社会保障与养老服务研究中心简介

　　首都经济贸易大学社会保障与养老服务研究中心是面向社会,主要研究区域和北京等特大城市经济社会发展中社会保障与养老服务问题的开放式研究基地,以学校劳动经济学院劳动与社会保障系教师为基础,包括学院从事相关领域研究的教研人员组成基本研究队伍,以从事相关研究的大学、研究机构学者和从事实践的公司、组织主要负责人为中心的咨询专家,主要研究领域:养老保障、健康与医疗保障、养老服务的理论和运行规律、各国社会保障与养老服务建设和发展规律等。

　　中心邮箱:shbzylfwlt@126.com。

　　地址:北京市丰台区张家路口121号首都经济贸易大学博纳楼339。

首都经济贸易大学劳动与社会保障系简介

　　劳动与社会保障系设有全国最早创办的劳动经济专业(1956),毛主席等国家领导人2次接见全体毕业生。1998年教育部将劳动经济本科专业转为劳动与社会保障专业。本专业是国家特色专业(2007)、国家级地方高校本科专业综合改革试点(2013)。劳动经济学专业最早获批硕士点(1981)、第二个以二级学科获批博士点,获批国家重点学科(2007)、国家特色重点学科(2010)。劳动与社会保障专业在2019年国家"双万"计划申报中,获批国家一流本科专业建设点。系内六成以上老师有主持国家级及以上项目经历,全部有主持省部级及以上项目经历,陆续产生国家级教学名师1人、全国优秀教师1人、全国"三八"红旗手1人、北京市教学名师3人,北京市高创计划"教学名师"1人,获得1门国家级精品资源共享课、2门国家级精品课、4部国家级规划教材和北京市课程项目多个。

摘 要

党的十九大报告中提出要积极应对人口老龄化,构建养老、孝老、敬老政策体系和社会环境,推进医养结合,加快老龄事业和产业发展。中共中央、国务院印发《国家积极应对人口老龄化中长期规划》,提出"健全以居家为基础、社区为依托、机构充分发展、医养有机结合的多层次养老服务体系",同时提出"要大力发展民办养老机构","逐步形成以社会力量为主体的养老服务格局",可见养老机构将会在未来养老服务体系建设中发挥重要作用。

本报告共分一篇总报告、三篇分报告和两篇专题报告。总报告是北京市养老机构发展报告,分报告和专题报告包括养老机构政策发展报告、京津冀养老机构发展报告、北京市养老机构的公建(办)民营发展报告、典型大城市养老机构服务供需发展报告和主要发达国家长期照护筹资与服务发展报告。

本报告梳理并比较了2000年以来京津冀三地涉及养老机构的相关政策,对部分大城市有亮点的政策进行了分析,进而提出北京市养老机构未来发展以及京津冀三地养老机构协同发展的相关思考;比较分析了京津冀养老机构的发展状况、养老机构工作人员状况和重点城市与区域养老机构发展状况,提出京津冀养老机构协同发展未来需要关注的问题;分析了北京市养老机构的公建(办)民营发展状况,涉及养老机构运营中的参与主体的分工、养老机构运营的6种产权模式、公建(办)民营的4种实施模式、养老机构公建(办)民营运行效果;从供需两个视角考察了北京市养老机构的发展现状,在与上海、广州和重庆比较以后,提出了北京市养老机构高质量发展的对策建议;重点梳理了自由主义福利国家模式(以英国为例)、法团主义福利国家模式(以德国为例)、社会民主主义福利国家模式（以芬兰为例）、东亚福利国家模式（以日本和韩国为例）的长期照护筹资制度与服务体系及其对中国长期照护筹资和服务体系建立的借鉴意义。

关键词： 养老机构　老龄政策　养老服务　公建（办）民营

目 录

Ⅰ 总报告

B.1 北京市养老机构发展报告
　　　　　　　　　　　　　　张航空　江　华　王永梅　张立龙 / 001

Ⅱ 分报告

B.2 养老机构政策发展报告……………………………………… 张航空 / 020
B.3 京津冀养老机构发展报告…………………………………… 张航空 / 051
B.4 北京市养老机构的公建（办）民营发展报告………………… 江　华 / 079

Ⅲ 专题报告

B.5 典型大城市养老机构服务供需发展报告……… 王永梅　都　玉 / 103
B.6 主要发达国家长期照护筹资与服务发展报告…… 张立龙　韩润霖 / 137

参考文献 …………………………………………………………………… / 171
Abstract …………………………………………………………………… / 174
Contents …………………………………………………………………… / 176

皮书数据库阅读使用指南

总 报 告

General Report

B.1
北京市养老机构发展报告

张航空　江华　王永梅　张立龙*

摘　要： 梳理并比较了2000年以来京津冀三地涉及养老机构的相关政策，对部分大城市有亮点的政策进行了分析；比较分析了京津冀养老机构的发展状况、养老机构工作人员状况和重点城市与区域养老机构发展状况；分析了北京市养老机构的公建（办）民营发展状况，涉及养老机构运营中的参与主体的分工、养老机构运营的6种产权模式、公建（办）民营的4种实施模式、养老机构公建（办）民营运行效果；从供需两个视角考察了北京市养老机构的发展现状，并与

---

* 张航空，博士，中国人民大学北京社会建设研究院、人口与发展研究中心副教授，研究方向为社会老年学；江华，经济学博士、工商管理博士后，首都经济贸易大学副教授，博士生导师，研究方向为社会保障、养老服务；王永梅，老年学博士，首都经济贸易大学劳动经济学院讲师；张立龙，中国社会科学院农村发展所博士后，首都经济贸易大学劳动经济学院讲师，研究方向为人口老龄化、社会保障。

上海、广州和重庆进行比较；重点梳理了自由主义福利国家模式（以英国为例）、法团主义福利国家模式（以德国为例）、社会民主主义福利国家模式（以芬兰为例）、东亚福利国家模式（以日本和韩国为例）的长期照护筹资制度与服务体系及其对中国长期照护筹资和服务体系建立的借鉴意义。

关键词： 养老机构　京津冀　公建（办）民营　老龄政策

《2018年国民经济和社会发展统计公报》的数据显示，2018年底60岁及以上老年人口数量达到2.49亿人，占总人口的17.9%。联合国经济和社会事务部发布的《世界人口展望2017》中的数据显示，60岁及以上老年人口比例在2014年突破20%，在2040年将突破30%，在2076年以后将长期稳定在37%以上，在2100年将达到本世纪的最高值37.68%。从老年人口规模来看，中国60岁及以上老年人口数量在2034年及以后将长期保持在4亿人以上，这种情况将一直持续到2090年。

与此同时，在进入老龄社会的2000年，国家连续发布了《中共中央、国务院关于加强老龄工作的决定》、《国务院办公厅转发民政部等部门关于加快实现社会福利社会化意见的通知》和《财政部　国家税务总局关于对老年服务机构有关税收政策问题的通知》3个文件，拉开了养老机构相关政策文件出台的序幕。截至2019年5月底，在已经出台的文件中，涉及养老机构的文件多达58个，其中的51个政策文件是在2011年及以后出台的。从政策出台的密集程度来看，2011年及以后对养老机构的关注程度明显上升。

对于北京市来说，以户籍人口为统计口径的人口老龄化程度一直都比较高。截至2017年底，北京市60岁及以上户籍老年人口约为333.3万人，占户籍总人口的24.5%，户籍人口老龄化程度居全国第二位。2008年发布的

《关于加快养老服务机构发展的意见》首次提出"9064"养老模式,根据这一模式,2020年北京市的养老机构床位数量要达到14万张。2015年出台的《北京市养老服务设施专项规划》中把14万张的目标进一步提高到16万张。《2018年北京养老市场发展调研白皮书》中来自主管部门的数据显示,截至2018年12月底,北京市为老年人和残疾人提供服务的机构达到672家,床位数为150926张。

可以预见的是,北京市到2020年可以完成"十三五"规划中设定的每千名户籍老人养老机构床位数的目标,但是养老机构床位使用率的目标达成会遇到挑战。虽然养老机构覆盖的老年人比例至多只有4%,但是,考虑到养老机构在养老服务体系建设中的重要补充作用,很有必要对北京市的养老机构政策和现状进行分析。京津冀三地在2015年以来陆续发布《京津冀协同发展规划纲要》《京津冀养老工作协同发展合作协议(2016年—2020年)》《京津冀区域养老服务协同发展实施方案》,从上述文件的内容以及合作的可能性来看,养老机构的协同在其中占据着重要的位置。养老机构的协同在实施的过程中可能遇到哪些问题?应该注意哪些问题?如何避免可能存在的问题?这些都需要进行前瞻性研究。

一 顶层设计:养老机构政策比较、亮点与启示

从可以查询到的三地关于养老机构的政策文件来看,北京市自2000年以来共有59项政策文件,天津市自2007年以来有36项政策文件,河北省自2007年以来有37项政策文件。从三地具体的政策内容来看,在养老机构建设用地方面,北京和河北基本上与原国土资源部的文件保持一致,天津的稍有不同;在养老机构的建设补贴和运营补贴方面,由于经济发展的不同,三地针对养老机构的补贴标准有较大的差异,北京最高,天津次之,河北最低;在养老机构的贷款贴息方面,三地均在政策文件中有所体现,区别在于天津和河北在政策文件中给出了明确的规定,北京没有;三地针对养老机构人员与人才支持方面的政策,主要包括社会保险补贴、工资补贴、培训补

贴、大学生入职补贴、养老服务岗位补贴、学生就读期间生活补贴；在特殊老人入住养老机构优惠政策方面，覆盖对象的差异比较明显，北京的政策覆盖的特殊人群最多，河北只包括城市"三无"对象和农村"五保"对象，天津的优惠对象是天津户籍、经济困难、愿意入住养老机构的老年人；在养老机构责任保险方面，北京对全部养老机构的保费补贴80%，河北是所有的养老机构补贴80元/(床·年)，天津是政府兴办和非营利性养老服务机构保险费用由市福利彩票公益金负担，营利性养老机构参照全市统一保险方案自行缴纳保险费用；在养老机构的星级评定方面，北京和河北的评定对象是包括养老机构在内的养老服务机构，天津只出台了针对"五保"供养服务机构的政策；对于参加星级评定的机构，三地之中，只有北京和河北在文件中明确给予一定的奖励；针对养老机构的其他做法，北京和天津有一些有新意的做法，包括养老机构信用信息管理、养老机构监管、养老机构突发事件报告制度、养老机构辐射服务项目补助、公办养老机构管理体制改革、公办养老机构收费管理。

从大城市在养老机构方面的相关规定来看，比较有新意的做法主要体现在以下几个方面。在养老机构建设补贴方面，同一城市不同区域标准不同；很多城市在发放建设补贴时选择一次性发放，但是，也有一些城市选择分批次发放；床位数量不同补贴标准不同；补贴领取需要达到一定的入住率；补贴领取需要床位数量达到一定的标准。在养老机构运营补贴方面，养老机构的运营补贴差异更多地体现在领取条件上，比较有新意的领取条件包括与入住率挂钩、工作人员与服务对象的比例、养老机构要购买养老机构意外责任险、养老机构工作人员薪酬及薪酬支付以及社会保险等满足一定的条件、养老机构收费要符合相关标准。在养老机构医养结合补贴政策方面，如果养老机构具备医保定点资格，设置护理站、医务室/保健室、卫生所，设置门诊部、护理院、康复医院，可以获得金额不等的补贴。养老机构向附近的社区提供延伸服务，根据项目或者服务人次给予一定的补贴。关于公办养老机构轮候入住，各地就轮候服务对象、床位如何分配、轮候原则做出规定。在养老机构人员和人才支持政策方面，内容涉及入职补贴、岗位补贴、鼓励养老机构吸纳劳动力、鼓励养老机构招收持证人员。另外，还有一些城市就养老机构区域协同与合作、养老机构收费、民办非营利性养老机构收支结余提取/贷款利息贴息、养老机构护理员优先申请公共租赁住房/落户加分/给予政府津贴、养老机构质量认证奖励、养老机构老年大学课程奖励、养老机构等级提升奖励、养老机构品牌连锁经营奖励、郊区农村薄弱的公建/民办非企业养老机构改造等制定了一系列政策。

在对北京市的养老机构政策文件、京津冀三地养老机构政策文件以及超大城市和特大城市的政策文件进行梳理以后，对于北京市养老机构的未来以及京津冀三地养老机构协同发展，需要在以下几个方面进行调整和思考。第一，在养老机构的建设补贴方面，同一城市不同区域养老机构建设补贴标准应该有所不同；关于养老机构建设补贴如何发放，考虑到养老机构存活时间，一次性发放并不是明智之举；养老机构床位数量不同补贴标准不同，这样的做法可以在一定程度上引导养老机构建设的时候设置合适的床位数量，不过，到底床位数量多少才是合适的，需要经过深入的调查研究；养老机构建设补贴应该有封顶线；养老机构建设补贴发放应该与入住率挂钩。第二，在养老机构的运营补贴方面，需要注意只有养老机构满足一定的条件才能领取运营补贴，养老机构的运营补贴不断做加法，养老机构不同收住对象之间的补贴标准拉大。第三，在养老机构的医养结合补贴方面，养老机构设置医务室、护理站等内设医疗机构或引入医疗分支机构，根据入住人数，每人叠加补贴。第四，在人才支持政策方面，补贴的发放对象是只针对专门人才还是也涵盖一般的护理人员？补贴发放标准是否有吸引力，发放了相关补贴以后与社会平均工资还有多大的差距？是不是发放了入职补贴与岗位补贴就能够吸引相关的人才进入养老行业并留下来？对于补贴的发放方式，从留住人才的角度来说，一些城市的做法可能不利于留住人才。有些城市的政策已经实施了一段时间，是时候对政策的实施效果进行评估了，根据政策实施前后人才队伍的变化情况，总结政策实施过程中的经验与教训，进而修正政策。

二 区域协同：京津冀养老机构协同发展现状、困难与展望

在京津冀三地养老机构及其床位数量变化方面，主要有以下几个特点。第一，从三地养老机构发展过程来看，2014~2017年，北京的养老机构数量稳步增加，河北和天津的养老机构数量在波动中减少。第二，从京津冀三地养老机构的床位数量来看，三地均以0~99张和100~299张床位的养老机构为主，比例在八成左右。第三，从京津冀三地不同床位数量养老机构的变动情况来看，北京和河北的养老机构中床位数量在300~499张和500张及以上的变动较大，天津的养老机构中床位数量在0~99张的变动最大。第四，三地的养老机构床位数量以河北最多，北京次之，天津最少。第五，从三地养老机构床位数量变化情况来看，北京的养老机构床位数量在增加，河北和天津的出现了不同幅度的减少。

在京津冀三地养老机构入住情况方面，主要有以下几个特点。第一，三地养老机构入住人数呈现不同的走势，北京的养老机构入住人数整体上不断增加，河北和天津整体上有所减少。第二，三地养老机构的入住率较低，不足六成。第三，北京和天津养老机构入住人员以自费人员比例最高，在九成左右，河北以"三无"人员和农村特困对象以及自费人员为主。第四，从入住对象的年龄构成来看，老人在三地的比例一直都是最高的，在九成以上。第五，三地养老机构入住人员健康状况构成差异显著，2017年，北京三类健康状况人员构成相对接近，均在三成到四成；河北三类健康状况人员构成以自理的为主，半自理的其次，最低的是不能自理的；天津三类健康状况人员构成以不能自理的比例最高，其次是自理的，最低的是半自理。第六，三地养老机构入住人员自理人员的比例总体上在下降，天津和河北不能自理人员的比例在上升，北京反而出现小幅度的下降，北京和河北半自理人员的比例在上升，而天津的比例在下降。

在京津冀三地养老机构工作人员状况方面，主要有以下几个特点。第

一，三地养老机构工作人员数量存在显著差异，2017年北京的养老机构工作人员数量达到1.78万人，河北为2.19万人，天津只有0.64万人。第二，三地养老机构女性职工的比例均超过一半，天津最高，北京次之，河北最低。第三，京津冀养老机构大专及以上受教育程度的职工比例存在显著差异，京津较高，河北相对较低。第四，关于管理人员与专业技术技能人员的构成比，北京和河北为1:3，天津基本在3:7。第五，京津冀养老机构职工以36~55岁为主，比例在六成到七成，三地的养老机构职工有老龄化的趋势。

关于河北省重点城市养老机构的发展状况，选择了张家口、承德、秦皇岛、保定和廊坊5个地级市。在养老机构的发展方面，2015年，河北5个城市养老机构数量差异显著。具体来看，张家口的养老机构数量最多，为119家，其次是保定的110家，另外3个城市的养老机构数量均不足100家；2010年以来，河北省5个城市的养老机构数量减少了百余家，不过5个城市内部有比较显著的差异，张家口、承德、保定和廊坊的养老机构数量总体上在减少，只有秦皇岛在增加；5个城市的养老机构均是以拥有0~99张和100~299张床位的机构为主。在养老机构床位数量方面，2010~2015年，5个城市养老机构床位数量发生了较大的变化，养老机构床位数量从5.55万张增加到6.21万张。在入住的人数方面，2010年以来5个城市养老机构入住的人数出现大幅度的减少，从2010年的4.34万人减少到2015年的2.87万人。从入住率来看，5个城市养老机构入住率总体上均呈下降的态势，到2015年只有承德刚刚超过五成，其余的4个城市均在五成以下，秦皇岛甚至不足四成。

在京津冀接壤地区养老机构的发展状况方面，选择了三地接壤区县，涉及北京的9个区、天津的7个区县、河北的21个区县。从北京与天津和河北接壤的9个区的养老机构床位数量来看，2015年287家养老机构一共有52895张；从入住人数和入住率来看，入住率都比较低，最低的是怀柔的16.99%，最高的是密云的48.97%。从天津与北京和河北接壤的各区县养老机构数量来看，2015年7个区县的养老机构数量有84家，床位数量一共是15887张，入住率相对较高。但是，内部差异较大，其中，滨海高达71.01%，西青也在六成以上，宁河、蓟县在四成以上，只有武清、宝坻和静海在四成以下。河北与北京和天津接壤的21个区县一共有112家养老机构，床位数量合计有16711张，入住率在20.09%~82.81%（安次区无养老机构）。

京津冀养老机构协同发展面临以下九个方面的困难。第一，已建养老机构大量空置与未来养老机构建设之间的矛盾。在三地依然有大量空床位的情况下，继续打造重点特色区域势必要建设相当数量的养老机构，这两者之间的矛盾如何处理需要企业和政府共同关注。第二，已建养老机构分布与未来养老机构建设之间的矛盾。养老机构协同规划需要关注养老机构及其床位的分布，尤其是存在大量空床位的机构到底分布在哪些区域。第三，养老护理人才基地建设和年轻人不愿从事养老护理工作之间的矛盾。《京津冀养老工作协同发展合作协议（2016年—2020年）》提出要在河北建立统一的养老护理和服务人才供应基地，但是，很多年轻人并不愿意选择养老相关的专业。第四，养老机构投资者与老年人及其家属之间信息不对称的矛盾。老年人及其家属对于养老机构的信息不了解，养老机构的投资者对于老年人的想法不了解，二者之间缺少沟通的桥梁。第五，行政决策一厢情愿与老年人异地养老意愿不强之间的矛盾。不管是《京津冀养老工作协同发展合作协议（2016年—2020年）》还是其相关的配套政策，其潜在的前提是有相当数量的老年人到河北和天津养老，但是，现实的情况是老年人异地养老的意愿并不强烈。第六，行政决策一厢情愿与老年人季节性迁移规律之间的矛盾。《京津冀养老工作协同发展合作协议（2016年—2020年）》要把河北的部分城市打造成特色养老服务片区，但是，不管是国内还是国外的候鸟老人，他们都会选择在适合自己的季节迁移，对于迁移的目的地养老机构，则意味着一年中有一半甚至更多的时间大量空置。第七，已有养老机构政策差异与未来养老机构政策统一之间的矛盾。《京津冀养老工作协同发展合作协议（2016年—2020年）》规定，统一三地的政策项目目录、统一政策实施内容、逐步统一支持标准，即三统一。但是，从三地现有的政策来看，三统一非常困难。第八，京津冀之间的"小"政策与国家层面的"大"政策之间的矛盾。第九，京津冀协同发展中北京的主导与津冀的从属之间的矛盾。京津冀协同发展过程中需要的是三地的共同参与，三地在合作中应该处于同等的地位。当前京津冀养老机构协同发展呈现零散的非系统合作、浅层的临时性合作、不平等的非多中心合作的态势值得警惕。

京津冀养老机构协同发展需要注意以下几个方面：第一，养老机构的协同发展最基本的是数据收集与共享；第二，养老机构发展的空间在于错位发展；第三，养老机构政策发展的方向是政策统一与政策衔接；第四，政策制定以后需要尽快落实；第五，政策制定和推行要尊重客观规律；第六，重视老年人异地养老的真实意愿与需求；第七，养老机构的协同发展需要三地政府的共同参与，避免出现"双方合作多，三方合作少"的格局。

三 政社合作：北京市公建（办）民营养老机构现状、模式与效率

（一）北京市养老（服务）机构整体现状

从《中国民政统计年鉴2016》公布的数据来看，2015年末北京市养老服务机构数量为597家，养老机构床位入住率平均为57%。从北京市各区域分布来看，东城区、西城区、朝阳区、丰台区、石景山区、海淀区城6区共274家养老机构，城6区养老机构数量合计占比为46%，城6区养老机构的床位入住率普遍较高，除朝阳区（床位入住率44%）外，其余5区床位入住率均在50%以上，丰台区、石景山区、海淀区3个区在80%以上，反映了城区较好的床位利用率。除城6区外的其余10个区中，床位入住率均在50%以下。

从各区养老机构床位拥有数量视角，对比北京市各区常住人口的分布情况，[①] 除平谷区和延庆区的人口-床位适应率指标比较低以外，北京市养老机构床位数量分布比较符合常住人口数量规模的分布。

---

① 此处养老机构床位量分布应该匹配北京市各区65岁以上老人或者70岁、75岁以上老人的数量分布才更为合理，但目前北京市各区老年人口数量数据不可得，年份上人口数使用的是2017年末人口数，床位数使用的是2015年末床位数。

在老年人数量和不同状态入住养老机构的比例方面，有9个区的老年人入住人数占年末在院人数的比例超过80%，有8个区的非完全自理人员入住人数占比超过七成，比较好地实现了养老机构主要收住老年人和非完全自理老年人的功能目标定位。

（二）北京市养老机构运营中的参与主体及关系

综合我国现实国情，养老机构运营中的参与主体类别包括政府及其部门（government）、社会（society）、行业协会。而养老机构举办经营主体包括政府、社会团体（非营利组织）、企业（包括内资国有企业、内资非国有企业、外资企业）、国外的非营利组织、村（居）民自治组织和中国公民个人、外国公民个人等多元主体，资金由举办者筹集。不同养老机构运营主体对应着不同的分工定位。

根据国家对基本公共服务和非基本公共服务的属性界定，基本公共服务应主要由公有产权者和政府通过购买私有产权者的服务来供给；非基本公共服务应该由市场来供给，市场供给既包括公有产权者，也包括私有产权者。除政府及相关部门之外，各参与主体应该有不同的职责定位，其服务价格水平因职责定位不同而有所不同。一般而言，公有产权满足基本公共服务的养老机构应该在政府及相关部门指导下定价，公有产权、私有产权满足非基本公共服务的养老机构应该在政府监管下受到市场规则调节和约束自行定价。

由此，养老机构多元参与主体形成了新型的社会化养老服务体系中的互动关系：政府与养老机构的关系、政府与服务对象之间的关系、养老机构与服务对象之间的关系、政府与行业协会及养老机构之间的关系。

（三）北京市养老机构的产权构成类别及经营模式

哈罗德·德姆塞茨划分了3种产权形式：国有产权、共有产权与私有产权。[1] 在理论上国有产权和共有产权均属于公有产权，国有企业作为举办主

---

[1] 〔美〕罗纳德·H. 科斯等：《财产权利与制度变迁》（产权学派与新制度学派译文集），刘守英等译，格致出版社、上海三联书店、上海人民出版社，2014，第76页。

体也为公有产权属性。《北京市人民政府办公厅印发关于加快本市养老机构建设实施办法的通知》（京政办发〔2013〕56号）（以下简称"京政办发56号文"）中将政府投资建设和社会资本投资建设加以区分，因此公有产权可以进一步细化为政府公有产权、集体公有产权、国有企业公有产权3种。在具体的养老机构建立模式实践中，根据"京政办发56号文"的相关规定，可以形成6种养老机构的建设类型：划拨土地建立型养老机构（非营利性）、招拍挂供地或者协议出让供地建立型养老机构（营利性）、农村集体经济组织占地建立型养老机构、租赁农村集体经济组织的占地建立型养老机构、房屋租赁建立型养老机构、房产购置建立型养老机构。民办养老机构建设类型包括招拍挂供地或者协议出让供地建立型养老机构（营利性）、租赁农村集体经济组织的占地建立型养老机构、房屋租赁建立型养老机构、房产购置建立型养老机构。各种类型养老机构设立时选择的注册模式可以为非营利性养老机构和营利性养老机构，注册类型的差异影响建设补贴、床位补贴、税收优惠和利润分配，具体的差异见本书《北京市养老机构的公建（办）民营发展报告》中的表3。

（四）北京市养老机构公建（办）民营的实施模式

根据北京市民政局、北京市发展和改革委员会、北京市财政局发布的《北京市养老机构公建民营实施办法》（京民福发〔2015〕268号）（以下简称"京民福发268号文"）对公建民营的定义，北京市养老机构公建民营实施方式包括承包、委托、联合经营等方式，公建养老机构的承接方包括企业、社会组织或个人。"京民福发268号文"规定的公建民营实施模式中并未区分企业和社会组织的产权属性。从产权属性的角度出发，国有企业和国有社会组织参与养老机构的运营并非公建民营模式，而只有非国有企业、非国有社会组织、个人参与运营的公建养老机构才应该是文件要求的参与运营主体。目前公有产权养老机构公建民营的实施模式主要包括4种类型：承包式、租赁式、联合经营式、委托式。目前北京市实施养老机构公建民营模式中没有明确提出租赁式的公建（办）民营的实施模式。

（五）北京市公建（办）民营养老机构运行效果

《北京市养老机构公建民营实施办法》（京民福发〔2015〕268号）文件的政策目标表述为三个方面：一是提升政府办养老机构保障效能，二是加快推进养老服务社会化，三是实现养老服务资源优化配置。而养老机构公建（办）民营本身即养老服务社会化的形式，基于此，本研究主要评价养老机构效能、养老机构资源优化配置，评价指标如《北京市养老机构的公建（办）民营发展报告》中的表4所示。

评价数据来源于2016年10月北京市民政局统一组织安排、北京大学提供技术支持而开展的一项大规模居家养老相关服务设施摸底普查。数据截止时间为2016年9月22日0时。调查样本为460家养老机构，样本养老机构的产权结构为：公办公营115家、公办民营97家、公建民营25家、民办民营189家、民办公助12家、农村集体9家、其他类型13家。其中民营属性养老机构调查样本占比为70.2%。

1. 北京市公建（办）民营养老机构效能评价

数据显示，北京市公办民营、公建民营、民办民营、民办公助等可以归属民营属性的养老机构数量与规模已经占据绝对大的份额，民营养老机构的数量占70.2%，设计床位数量占78.1%，备案床位数量占76.4%，使用床位数量占77.9%，入住老人占收住老人总数的77.7%，显示了民营力量在机构养老服务中扮演重要角色，对养老服务业的贡献突出。民营养老机构中，公办民营、公建民营养老机构数量已经达到122家，占比为26.5%；设计床位数量为18973张，占比为19.7%；入住老人数量为8384人，占比为20.4%，显示了公有资产由私有产权运营的一定规模，私有产权参与运营公建养老机构的积极性较高。

从老人入住情况来看，除服务对象针对性较强、数量较少的农村集体办养老机构、其他养老机构（一般为企业办）以外，公办民营、公建民营养老机构的入住率较高，尤其是公建民营养老机构在运营1年多的时间内入住率在五成以上，反映了公建（办）民营养老机构很好的成长性。

从养老机构的星级情况来看，公办民营、公建民营养老机构的平均星级低于公办公营养老机构，一方面，评定星级需要各类有效许可证照、执业证明、房产证明，对养老机构院长、副院长、工作人员有文化程度、技能水平等要求，对养老机构内设老年人居室、卫生间和浴室、活动场所、就餐区域、接待区/室等场所都有具体标准，需要一定时间达到较高星级的标准；另一方面，公办民营、公建民营养老机构民营化的时间较短，全面提升星级需要时间。但公建民营养老机构在1年多时间内具有星级的比例也达到40.0%，具有星级机构的比例较高。同时民办民营养老机构的星级高于公办公营养老机构，显现了民营养老机构星级评定的较大潜力。

从养老机构投资回收周期来看，公办民营、公建民营养老机构的非营利组织定位决定了举办养老机构是需要较长的投资回收期的。

2. 北京市公建（办）民营养老机构资源配置效率评价

调查数据显示，在养老机构收住的自理老人、半自理老人和不能自理老人比例方面，北京市公办民营、公建民营、民办民营、民办公助等可以归属民营属性的养老机构收住的老人以非完全自理老人为主，占比为79.0%，公办公营、农村集体养老机构收住的老人中较大比例为自理老人，充分实现了政府对养老机构的功能目标定位及养老资源配置效率。

从不同类型养老机构视角来看，民营属性的养老机构收住的半自理老人占收住全部半自理老人数量的比例为78.3%，收住的完全不能自理老人占收住全部完全不能自理老人数量的比例为80.6%，收住的半自理老人、完全不能自理老人合计占比为79.5%，民营养老机构在养老资源优化配置方面贡献显著。

在不同类型养老机构收住的不同年龄段老年人方面，收住70~79岁老人占比最高的是公办民营和民办民营养老机构，收住80~89岁老人占比最高的是民办公助、农村集体和公建民营养老机构，收住90~99岁老人占比最高的是民办公助、其他、公建民营和农村集体养老机构。整体上看，收住70岁及以上老人占比最高的是民办公助、其他、公建民营养老机构，收住80岁及以上老人占比最高的是民办公助、其他、农村集体、公建民营养老机构，不考虑规模较小和企业办具有部分特定服务对象的其他和农村集体的养老机构，公建民营养老机构具有较高的高龄老人收住比，且民营养老机构高龄老人收住比全部高于公办公营养老机构，反映了民营养老机构在满足高龄老人服务需求方面较好地实现了资源优化配置。

四 供求均衡：北京市养老机构服务供需现状

人口老龄化与养老机构概况。第一，北京已进入中度老龄化阶段，其人口老龄化水平仅次于上海，增长速度开始加快，预计到2020年北京户籍老年人口将超过380万人，常住老年人口将超过400万人。第二，北京的老年抚养比低于上海，调查数据显示，北京老年人"健在子女数量"最少，其中健在3个及以上子女的仅为19.16%，明显低于上海、广州和重庆，这也预示着北京的老年抚养比将进入加速阶段，对于养老机构的需求也会相应地增加。第三，截至2017年底，北京投入运营的养老机构有506家、养老床位有10.3万张，同时全市建成运营区级养老服务指导中心6个，建成并运营街乡养老照料中心172个、社区养老服务驿站380家，北京养老机构人均床位数量为3.09张/百人。

北京市老年人机构养老的需求。第一，北京市老年人[①]对于养老院的了解程度较高，同时对于养老院的印象也比较好。老年人对于养老院"了解"或"有些了解"的比例超过2/3（66.90%），这一比例在上海市、广州市和重庆市分别为45.29%、51.61%和22.26%。老年人对于养老院的评价为"较好"的比例中北京市是最高的，为20.68%，远高于平均水平11.94%。第二，北京市老年人对于机构养老的意愿是最高的，对于养老机构的精神慰藉功能需求也是最高的。北京市老年人选择机构养老的比例达到了21.40%，上海市和广州市仅为1.45%和10.26%，重庆市甚至为0。除了"身体不

[①] 需要说明的是，此次调查样本中，北京市农村老年人的样本数量仅为2.00%，远低于实际的14.21%，某种程度上可以说此次分析的数据更多的是代表北京城市老年人的情况。

好，需要有人照料"时去养老院之外，北京市老年人因"孤独寂寞，需要有人陪伴"而想要去养老院的比例是最高的，甚至是上海市和重庆市的4~5倍。第三，北京市老年人对于养老院的医养结合服务要求尤为突出。除了希望养老院服务质量高、居住环境好、离家近这些常规要求之外，北京市老年人对于"地理位置离医院近"和"入住的门槛费用低"的回答明显高于其他三个城市，前者说明北京市老年人对于医养结合的要求尤其突出。第四，66.73%的北京市老年人可以承担的费用集中在2000~5000元，1/4的老年人可以接受的费用超过了5000元。与上海市老年人可以承担的费用主要集中于两端相比，北京市城市老年人费用承担相对集中于中间部分，总的来说，北京市城市老年人可以承担的养老机构的费用处于中高水平。

北京市养老机构服务供给情况。将调查的19种养老机构进行合并整理，形成六种类型。① 第一，从收住老人规模来看，公寓型机构收住的老年人是最多的，占到入住老人总人数的31.55%（12863人），其次是托养型机构，收住老人占比为25.99%（10595人），收住人数最少的是护养型机构，仅为2.62%（1068人），体现了"兜底"和市场化养老机构是北京市养老机构的两个主力，占比达到57.54%。第二，从收住老人类型来看，收住自理老年人最多的是公寓型机构，其次是社会福利院/中心和托养型机构，最少的是护养型机构；收住半自理老年人最多的是养老院，其次是护养型机构和社会福利院/中心，最少的是公寓型机构，但也达到了28%；收住失能老人最多的是护养型机构和服务型机构，最少的是社会福利院/中心。第三，从机构服务来看，在生活服务上，六类机构提供服务的频次几乎达到了100%；在健康服务上，社会福利院/中心和服务型机构提供的比例是最高的，健康管理服务的比例均超过90%；在康护服务上，各类型机构超过90%都提供护理服务，但是提供康复服务和失智专业照护的比例则较低；在

---

① a. 社会福利院/中心、b. 养老院（含幸福院）、c. 托养型机构（敬老院、老人院、光荣院）、d. 护养型机构（护养院/中心、护理院、康复中心）、e. 服务型机构（养老照料/服务中心、托老所）、f. 公寓型机构（老年公寓、温馨家园、老年乐/家园、颐养中心/乐园、养老有限公司及其他）。

医疗服务上，100%的社会福利院/中心和约90%的其他类型机构都提供陪同就医的服务，但是提供医疗服务的机构相对少一些；另外，大约90%的机构可以提供休闲娱乐和心理慰藉服务，提供临终关怀、法律援助和其他服务的较少。第四，从机构医养服务来看，调查显示，具有医疗资质的机构数量仅有不到1/4，其中公寓型机构的占比相对较高，达38%。绝大多数机构是以"与医院等机构协议合作"开展医养服务，其次是设有"医务室或类似部门"，"独立设置门诊或者医院"的比例较低。第五，对养老机构评估老年人能力的情况进行分析，结果显示，绝大多数机构采用《老年人能力评估》进行评估，只有少数采用了其他评估方法，值得关注的是还有一部分并没有进行专业评估，其中托养型机构的比例是最高的，超过了1/5（22.48%），其次是护养型机构，为17.65%；大多数养老机构并没有对失智老人做过专业评估。

而后，对四个大城市养老机构实践经验进行了简要介绍，比如上海市针对居家老人照护的"长者照护之家"、上海市的失智老人照护服务体系、上海市以评估为抓手提高保障效率等，以及广州市对于失独老人、高龄老人等特殊群体的关注等。进而，围绕北京市养老机构发展提出三点对策建议：一是要加大对护养型（康复和护理）养老机构的建设和扶持力度；二是要关注失智老人，加快发展专业化的失智照护服务机构；三是要加快建设社区居家小型多功能失能老人照护服务机构，同时加快落实2019年出台的《北京市老年人能力综合评估实施办法（试行）》，建立健全老年人能力评估和需求评估的体制机制等。

五　他山之石：长期照护筹资与服务的经验和启示

面对失能老年人照护问题所带来的挑战，人口老龄化程度较严重的发达国家率先探索了适合本国的长期照护保障制度。专题报告依据Esping-Andersen和相关学者对福利国家体制的经典划分，着重介绍了自由主义福利国家模式（以英国为例）、法团主义福利国家模式（以德国为例）、社会民主主义福利国家模式（以芬兰为例）、东亚福利国家模式（以日本和韩国为例）的长期照护筹资制度与服务体系，主要发现如下。

在照护筹资上：自由主义福利国家倾向于将照护服务推向市场，实现社会福利供给的市场化，因此其政策主要是通过资格－审查模式向资产或收入低于某一水平的家庭提供照护服务支持。社会民主主义福利国家以公民权利为基础，先行将家庭关系成本社会化，国家在资源分配中扮演很重要的角色并提供广泛的社会服务；长期照护制度与其他福利政策相似，采用普遍主义原则，福利国家是长期照护的主要来源，家庭则扮演支持性角色。法团主义福利国家遵循"天主教的辅助性原则"，认为只有当家庭无法提供彼此之间的保护时，较高层和较大范围的社会集体力量才应介入，这些国家陆续实行了长期照护的社会保险模式，即在雇主和雇员共同缴纳的基础上，形成了稳定的资金来源。东亚由于受到儒家思想的影响，强调家庭在照料儿童和老人中的责任，但当家庭的照料功能削弱时，政府则倾向于通过政策保留传统；在解决老年人长期照护问题上，日本与韩国走在东亚前列，分别于2005年和2008年建立了长期照护保险制度。

在照护给付上：对于居家照护和机构照护均有现金给付、实物给付、混合给付等形式，不同国家对居家照护和机构照护的给付标准和形式有所差异，但均表现出从鼓励机构照护向鼓励居家照护的转变。自由主义福利国家模式的英国，地方政府通过与独立的非营利组织合作向社区提供照护服务，入住照护机构的老年人越来越少，照护服务的重心逐渐从机构向社区和家庭转移，这使得居家照护成为英国最流行的照护提供方式。社会民主主义福利国家模式的芬兰，强调减轻女性的照护压力，建立以公立机构为核心的照护模式，但随着人口老龄化的加重，以机构照护为核心的模式越来越不能满足老年人需求，照护制度的调整也逐步向支持居家照护转变，特别是在2005年非正式照护者法案在国家层面推行之后，政府通过照护津贴、支持性服务等给予居家非正式照护者一定的支持，家庭照护者的角色得到强化。法团主义福利国家模式的德国，居家照护先于机构照护是其长期照护保险制度设计的基本原则之一；从照护保险的给付来看，德国长期照护保险对居家照护服务的给付标准与机构照护基本相同，但机构照护的成本要显著高于居家照护的成本，这使得选择机构照护的失能者有着更高的自付比例，因此德国的照护保险制度实际上有着鼓励居家照护的特征。

发达国家长期照护制度的发展经验表明，长期照护筹资制度与长期照护服务体系相辅相成、共同发展。在长期照护制度建立之初，发达国家同样面临养老服务体系发展严重滞后于人口老龄化的挑战；但在长期照护筹资制度建立之后，照护需求者的购买能力提高，长期照护服务需求得到释放，为长期照护服务市场的发展提供了条件。日本在长期照护制度建立之初，照护服务供给主要由地方政府委托社会福利法人组织直接提供；在长期照护保险实施之后，照护资金形成了政府、市场、个人的多渠道共同筹资，只要符合照护保险的给付条件且通过照护等级认定，就可以获得相应的照护服务，即长期照护制度实现了从选择性向普遍性的转变，增强了照护需求者购买照护服务的能力；与此同时，日本政府允许并鼓励不同类型的市场主体提供照护服务，这促进了日本长期照护服务体系的发展。韩国的长期照护制度也经历了类似的发展过程。在照护保险制度实施之前，社会福利法人在韩国福利供给中占据了绝对地位；在长期照护保险实施之后，韩国鼓励公、私等不同的市场主体共同提供照护服务，不仅允许非营利组织提供照护服务，也允许私人营利组织的开设与经营，直接促进了韩国照护服务体系的发展。

近几年，中国长期照护制度的建立受到中央及相关部门的高度重视。习近平总书记指出"要建立相关保险和福利及救助相衔接的长期照护保障制度"；《国民经济和社会发展第十三个五年规划纲要》《国家人口发展规划（2016—2030年）》《"十三五"国家老龄事业发展和养老体系建设规划》指出要"全面建立针对经济困难高龄、失能老年人的补贴制度，并做好与长期护理保险的衔接"。

在长期照护筹资政策的实践上，2016年6月，人力资源和社会保障部办公厅《关于开展长期护理保险制度试点的指导意见》指出，将在承德、长春、齐齐哈尔、上海、南通、苏州、宁波、安庆、上饶、青岛、荆门、广州、重庆、成都、石河子15个地区开展长期护理保险制度试点，并以吉林和山东两省作为国家试点的重点联系省份。长期护理保险制度的试点，一方面改善了试点地区老年人长期照护服务的利用率，促进了老年照护需求者在医疗机构、养老机构、社区和家庭之间的分流，减少了过度医疗和占据床位的现象；另一方面减轻了老年人及其家庭成员的照护负担。但从长期护理制度的顶层设计和制度试点地区政策的实施细节来看，由于受到经济社会发展阶段的影响，中国的长期照护筹资制度的设计依然遵循了原有福利制度的设计逻辑；试点地区的长期护理保险制度大多依赖医保基金，表现出碎片化、保基本（低保障）的特点。

在长期照护服务体系建设上，为解决中国养老服务供给机构不合理、市场潜力未充分释放、服务质量有待提高等问题，2016年12月，《国务院办公厅关于全面放开养老服务市场提升养老服务质量的若干意见》指出，要放开养老服务市场，积极引导社会资本进入养老服务业，推动公办养老机构改革。中国当前的政策实践在探索建立长期照护筹资制度的同时，也注重发展养老服务业。

居家照护在中国养老服务体系中处于基础地位，这与发达国家长期照护制度的发展经验相一致。《国民经济和社会发展第十三个五年规划纲要》《国务院关于加快发展养老服务业的若干意见》提出"到2020年，全面建成以居家为基础、社区为依托、机构为支撑的，功能完善、规模适度、覆盖城乡的养老服务体系"。从目前中国长期护理保险制度试点地区的具体政策来看，一些试点地区的具体措施表现出鼓励失能者接受居家照护服务的倾向，这不仅与国际惯例一致，而且符合老年人倾向于选择在家接受照护服务的意愿。

分报告
Topical Report

B.2 养老机构政策发展报告

张航空[*]

摘　要： 梳理了2000年以来北京关于养老机构的59项政策文件，比较了京津冀三地养老机构建设用地、建设补贴、运营补贴、贷款贴息、人员和人才支持、特殊老人入住养老机构优惠、综合责任保险、公建民营、星级评定等方面的政策以及其他做法，针对大城市养老机构政策中的亮点进行分析，最后，对于北京养老机构的未来以及京津冀三地养老机构协同发展，提出几点思考。

关键词： 养老机构　京津冀　老龄政策

---

[*] 张航空，博士，中国人民大学北京社会建设研究院、人口与发展研究中心副教授，研究方向为社会老年学。

一 北京养老机构政策概况

2000年以来北京市出台了59项涉及养老机构的政策文件（见表1），需要说明的是，由于养老照料中心的功能与养老机构的功能基本一致，只是叫法不同，而且有些养老机构与养老照料中心是一套人马两块牌子，区别不大，所以，这里把养老照料中心的政策文件也纳入其中。从这59项政策文件的概况来看，2011年以来政策文件发布呈现逐渐密集的态势。从发布相关政策文件的年份来看，2011年发布5项，2012年为4项，2013年为5项，2014年为7项，2015年为12项，2016年为5项，2017年为7项，2018年为6项，2019年为1项。从这些政策文件涉及的内容来看，主要体现在以下几个方面。第一，养老机构的支持政策，主要涉及养老机构的建设补贴与运营补贴，随着时间的推移，补贴标准不断提升，而且，北京也会根据需要，通过适时调整补贴标准，引导养老机构提升服务质量。第二，养老机构质量提升政策，主要涉及养老机构星级评定、人才队伍建设、质量整治以及质量建设专项行动。第三，养老机构监管政策，涉及养老机构监管办法、信用信息管理使用办法以及非法集资防范。第四，养老机构管理体制改革与公建民营。第五，特殊老人入住养老机构政策，包括低保家庭生活不能完全自理老年人入住定点社会福利机构补助政策、特殊家庭老年人通过代理服务入住养老机构政策、困境家庭服务对象入住社会福利机构补助政策。第六，养老机构风险规避政策，主要是养老服务机构综合责任保险。第七，其他政策，涉及养老机构开展居家养老服务、消防安全标准化、收费管理、区域协同等内容。

表1 2000~2019年北京出台的涉及养老机构的相关政策

《北京市养老服务机构管理办法》(2000)
《养老服务机构服务质量标准》(2002)
《北京市民政局 北京市质量技术监督局关于开展养老服务质量星级评定工作的通知》(2004)

续表

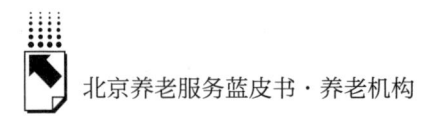

《北京市资助社会力量兴办社会福利机构实施细则》(2005)
《关于加快养老服务机构发展的意见》(2008)
《北京市民政局 北京市财政局关于社会力量兴办社会福利机构运营资助办法》(2009)
《关于进一步推进养老服务机构服务质量星级评定工作的通知》(2010)
《北京市低保家庭生活不能完全自理老年人入住定点社会福利机构补助办法（试行）》(2011)
《北京市民政局 北京市财政局关于调整社会力量兴办社会福利机构运营资助标准的通知》(2011)
《北京市民政局关于进一步规范和调整街道（乡镇）敬老院建设资助工作的通知》(2011)
《北京市民政局关于开展养老服务机构星级评定以奖代补工作的通知》(2011)
《北京市"十二五"时期老龄事业发展规划》(2011)
《北京市民政局关于推行养老服务机构综合责任保险有关事项的通知》(2012)
《北京市民政局 北京市财政局关于推行养老服务机构综合责任保险的意见》(2012)
《北京市民政局 北京市质量技术监督局关于调整养老服务机构星级评定组织机构的通知》(2012)
《北京市民政局 北京市质量技术监督局关于进一步推进养老服务机构星级评定工作的通知》(2012)
《北京市人民政府关于加快推进养老服务业发展的意见》(2013)
《关于加快本市养老机构建设实施办法的通知》(2013)
《北京市民政局关于养老机构设立许可若干问题的通知》(2013)
《北京市民政局关于开展农村五保供养服务机构等级评定工作的通知》(2013)
《北京市民政局关于农村五保供养服务机构等级评定的决定》(2013)
《关于进一步推进本市养老机构和养老照料中心建设工作的通知》(2014)
《北京市2014年街（乡、镇）养老照料中心建设工作方案》(2014)
《关于进一步做好2014年街（乡、镇）养老照料中心建设工作的通知》(2014)
《北京市民政局 北京市公安局关于印发社会福利机构消防安全标准化管理规定的通知》(2014)
《社会力量兴办非营利性社会福利机构运营资助办法》(2014)
《关于加强本市养老机构和养老照料中心建设工程招标投标管理工作的意见》(2014)
《北京市民政局关于进一步做好养老机构综合责任保险有关事项的通知》(2014)
《北京市居家养老服务条例》(2015)
《关于支持养老照料中心和养老机构完善社区居家养老服务功能的通知》(2015)
《关于进一步加强北京市老年人优待工作的意见》(2015)
《北京市公办养老机构入住及评估管理办法》(2015)
《北京市公办养老机构收费管理暂行办法》(2015)
《北京市养老服务设施专项规划》(2015)
《北京市养老机构公建民营实施办法》(2015)
《关于深化公办养老机构管理体制改革的意见》(2015)
《北京市养老照料中心建设三年行动计划》(2015)
《特殊家庭老年人通过代理服务入住养老机构实施办法》(2015)
《关于进一步完善本市养老机构建设项目前期手续的通知》(2015)

续表

《关于依托养老照料中心开展社区居家养老服务的指导意见》（2015）
《关于加强本市新建住宅小区配建养老设施建设、移交与管理工作的通知》（2016）
《北京市民防局关于进一步落实养老和医疗机构减免行政事业性收费有关问题的通知》（2016）
《北京市2016年街道（乡镇）养老照料中心建设工作方案》（2016）
《北京市困境家庭服务对象入住社会福利机构补助实施办法》（2016）
《北京市"十三五"时期老龄事业发展规划》（2016）
《关于加强养老服务人才队伍建设的意见》（2017）
《京津冀区域养老服务协同发展实施方案》（2017）
《关于加强养老机构服务质量整治工作的指导意见》（2017）
《关于印发〈关于开展养老机构服务质量建设专项行动全面提升养老行业服务质量水平的实施意见〉的通知》（2017）
《北京市街道（乡镇）养老照料中心建设资助和运营管理办法》（2017）
《关于印发〈北京市基层公办养老机构建设资助工作实施办法〉的通知》（2017）
《关于进一步规范公办养老机构入住管理工作的通知》（2017）
《北京市养老机构运营补贴管理办法》（2018）
《关于印发〈北京市养老服务机构信用信息管理使用办法〉的通知》（2018）
《北京市养老服务领域防范和处置非法集资行动工作方案》（2018）
《北京市社会福利系统安全隐患治理三年行动方案（2018年~2020年）》（2018）
《北京市养老服务机构监管办法（试行）》（2018）
《北京市民政局关于进一步加强养老服务机构突发事件报告工作的通知》（2018）
《关于印发〈北京市养老机构服务质量星级评定实施办法（试行）〉的通知》（2019）

注：绝大部分的政策是由政府部门制定和发布，只有《关于印发〈北京市养老机构服务质量星级评定实施办法（试行）〉的通知》是由北京养老行业协会制定和发布。

二 京津冀养老机构政策比较

2015年3月《京津冀协同发展规划纲要》发布以后，《京津冀民政事业协同发展合作框架协议》又于2015年11月出台，在这个协议中明确提出十大重点领域，共同推动养老服务业融合发展是其中的一个重点领域。在共同推动养老服务业融合发展方面，三地将协同规划布局养老机构。作为《京津冀协同发展规划纲要》的延续，三地民政部门签订了《京津冀养老工作协同发展合作协议（2016年—2020年）》。2017年京津冀三地加上内蒙古四地联合发布了《京津冀区域养老服务协同发展实施方案》，重点提出了六大支持政策，其中就包括养老机构床位运营补贴支持和养老机构服务入住老年人的配套举措。

从可以查询到的三地关于养老机构的政策文件来看，自2000年以来北京共有59项政策文件，天津自2007年以来有36项政策文件，河北自2007年以来有37项政策文件。可以看出，在政策文件的数量方面，北京的数量最多，其余两地的数量基本相当。从政策文件的内容来看，本部分将从以下几个方面分别比较其异同。

（一）养老机构建设用地政策

2014年原国土资源部出台了《养老服务设施用地指导意见》，在意见中界定了养老服务设施用地范围，明确土地用途和年期，规范编制养老服务设施供地计划。最重要的是，细化养老服务设施供地政策。其中，非营利性养老服务机构用地可采取划拨方式供地，民间资本举办的非营利性养老服务机构变为营利性养老服务机构以后用地可以办理协议出让（租赁）土地手续，补缴土地出让金（租金）。营利性养老服务设施用地，应当以租赁、出让等有偿方式供应，原则上以租赁方式为主。

在原国土资源部2014年出台《养老服务设施用地指导意见》之前，北京2008年出台的《关于加快养老服务机构发展的意见》、2013年出台的《关于加快本市养老机构建设实施办法的通知》均对养老机构建设用地做出规定，河北2011年出台的《关于做好建设养老机构用地工作的通知》也对养老机构建设用地做出规定。从北京和河北的政策文件规定来看，与原国土资源部2014年的文件内容有所不同。北京2008年出台的《关于加快养老服务机构发展的意见》与原国土资源部2014年的文件基本一致，但是，2013年出台的《关于加快本市养老机构建设实施办法的通知》针对政府投资建设的养老机构与原国土资源部的规定一致，对于社会资本投资建设的营利性养老机构则有所不同，原国土资源部的文件规定"以租赁、出让等有偿方式供应"，北京的政策文件规定"采用招拍挂等方式供地"，如果企业单位利用自有用地建设营利性养老机构,应该"采取协议出让的方式供地"。河北 2011 年发布的《关于做好建设养老机构用地工作的通知》与北京基本一致,差别在于河北进一步规定"以招标拍卖挂牌方式公开出让,确定出让底价时,不得低于国家和省规定的最低标准"。

2014 年原国土资源部的文件出台以后,河北同年出台了《河北省人民政府关于加快发展养老服务业的实施意见》,河北的这个文件对 2011 年的文件进行了修订,主要体现在对社会力量投资建设的营利性养老服务机构的支持方面,与原国土资源部的文件保持一致。另外,这个文件同时还规定"同一宗养老服务机构用地有两个或两个以上用地者的,应采取招拍挂方式出让土地"。天津在 2014 年底出台的《天津市养老服务促进条例》中只是明确了非营利性养老机构建设用地,天津的规定与原国土资源部的规定不太一致,天津规定非营利性养老机构建设用地由市或者区县人民政府按照土地划拨方式供应。不过,天津对于营利性养老机构建设用地没有给出说法。

(二)养老机构建设补贴政策

关于养老机构的建设补贴,早在 2011 年发布的《国务院办公厅关于印发社会养老服务体系建设规划(2011—2015 年)的通知》中就明确提出对非营利性社会办养老机构给予相应的建设补贴或运营补贴。到了 2012 年,民政部发布的两个文件再次提及养老机构的建设补贴,《民政部关于鼓励和引导民间资本进入养老服务领域的实施意见》规定"对民间资本举办的非营利性养老机构或服务设施提供养老服务,根据其投资额、建设规模、床位数、入住率和覆盖社区数、入户服务老人数等因素,给予一定的建设补贴或运营补贴"。《民政部关于开展"社会养老服务体系建设推进年"活动暨启动"敬老爱老助老工程"的意见》再次提出"加大对民办养老机构、居家和社区养老服务机构或设施的扶持力度,根据建设规模、入住率等因素,给予一定的建设补贴和运营补贴"。

从三地近年来出台的涉及养老机构建设补贴的政策来看,三地出台的政策文件数量有一定的差异。其中,北京在 2008 年出台《关于加快养老服务机构发展的意见》，2011年出台《北京市民政局关于进一步规范和调整街道（乡镇）敬老院建设资助工作的通知》，2013年出台《关于加快本市养老机构建设实施办法的通知》，2014年出台《北京市2014年街（乡、镇）养老照料中心建设工作方案》，2017年出台《关于印发〈北京市基层公办养老机构建设资助工作实施办法〉的通知》；天津在2008年出台《天津市关于资助社会办养老机构管理办法（试行）》和《关于加快我市养老服务业发展的意见》，2014年出台《关于调整养老机构补贴标准的通知》；河北在2007年出台《关于加快发展养老服务业的意见》，2012年出台《关于对养老服务机构实行奖补的意见（试行）》，2015年出台《关于对养老服务机构实行奖补的意见》，2017年出台《关于深化财政支持养老服务体系建设改革的实施意见》。从三地的政策来看，有以下几个方面的差异。

补助对象。北京针对不同的投资主体，出台专门的政策文件。2008年出台的《关于加快养老服务机构发展的意见》针对的是社会力量投资兴办的新建、扩建或利用其他设施改造的养老服务机构，2011年出台的《北京市民政局关于进一步规范和调整街道（乡镇）敬老院建设资助工作的通知》针对的是街道（乡镇）敬老院，2013年出台的《关于加快本市养老机构建设实施办法的通知》针对的是社会资本投资建设的非营利性养老机构，2017年出台的《关于印发〈北京市基层公办养老机构建设资助工作实施办法〉的通知》针对的是基层公办养老机构。天津在出台政策文件的时候，在同一个政策文件中针对不同的投资主体做出不同的规定。河北在政策文件中一视同仁，没有区别对待。

补贴标准。由于经济发展的不同，三地针对养老机构的补贴标准有较大的差异，比如北京在2013年的政策文件中规定给予养老机构的建设补贴每张床位最高达到25000元，天津在2014年的最高标准达到每张床位30000元，河北是三地中最低的，2017年的最高标准只有8000元。三地针对不同性质的养老机构建设补贴也不一样，北京鼓励养老机构建设具有养护功能的床位，每张给予25000元的支持，普通功能的床位每张只有20000元的支持；天津对于政府投资新建或购置建设并形成产权的养老机构每张床位给予

30000元的补贴,对于社会力量投资新建或购置建设并形成产权的非营利性养老机构每张床位给予15000元的补贴。另外,关于建设补贴还涉及补贴封顶线。三地之中,只有河北对养老机构的建设补贴做出封顶线的规定,北京对养老照料中心的建设补贴做出封顶线的规定。其中,河北在2012年发布的《关于对养老服务机构实行奖补的意见(试行)》中规定一次性建设奖补不超过100万元,2015年发布的《关于对养老服务机构实行奖补的意见》规定社会力量租赁房产开办非营利性养老服务机构最高奖补金额不超过200万元,2017年出台的《关于深化财政支持养老服务体系建设改革的实施意见》取消了封顶线的规定。北京在2014年发布的《北京市2014年街(乡、镇)养老照料中心建设工作方案》中规定封顶线为300万元。

补贴条件。从三地的政策文件规定来看,北京对于社会力量投资兴办的养老机构领取建设补贴的条件没有做出明确规定,对于街道(乡镇)敬老院、养老照料中心以及基层公办养老机构领取补贴做出限定性的规定。比较而言,天津和河北做出了相对明确而又详细的规定。从三地的规定来看,在补贴条件方面,除了一些基本的要求以外,还有一些限定条件值得注意。(1)机构收住特殊对象达到一定比例,比如北京规定基层公办养老机构收住对象中基本养老服务保障对象一般不低于总床位的20%,天津规定敬老院凡收养"五保"和困难老年人占床位总数70%以上并按规定运营的就可以享受建设补贴,新增国办养老机构收养"三无"和困难老年人占床位总数50%以上的可以享受建设补贴。(2)机构床位数量和建筑面积设定门槛,比如2008年发布的《天津市关于资助社会办养老机构管理办法(试行)》要求床位数在50张(含50张)以上,每张床位平均建筑面积不低于10平方米,2014年天津发布的《关于调整养老机构补贴标准的通知》进一步要求平均每张床位建筑面积达到30平方米。河北也有类似的规定,比如2007年发布的《关于加快发展养老服务业的意见》要求床位数量达50张以上,2012年发布的《关于对养老服务机构实行奖补的意见(试行)》进一步明确床位数(按建筑面积每42平方米为一张床位的标准计算)达到50张(含)以上,到了2017年,河北进一步下调养老机构床位数量,要求不少于10张，建筑面积依然是每张床位42平方米。(3) 运营时间。三地之中只有河北要求养老机构要运营满一年才能申请建设补贴。(4) 补贴发放。北京和天津在政策文件中对于补贴发放的时间没有做出规定，应该是一次性发放。河北规定如果用房属租用且租用期5年以上的，分5年给予开办补助。2017年出台的《关于深化财政支持养老服务体系建设改革的实施意见》规定租赁房屋兴办养老机构的，需要签订5年以上的租赁合同。

（三）养老机构运营补贴政策

如前文所述，国家层面在几个政策文件中提及养老机构运营补贴。从三地的政策文件来看，三地基本上在国家政策文件出台之前已经有了自己的运营补贴办法，差异主要体现在以下几个方面。

补贴标准。三地受到经济发展的影响，针对养老机构的补贴标准有所不同。从三地的最新政策文件规定来看，北京在2018年发布的《北京市养老机构运营补贴管理办法》中根据养老机构收住的对象情况、具备的资质条件，每张床位每月最高可以享受1050元的补贴；河北的最高标准为300元；天津为187.5元。

补贴标准因条件不同而有所不同。为了引导养老机构提升服务质量、收住身体健康状况相对较差的老人，三地采取了不同的政策来引导养老机构。北京在2009年、2013年、2014年的政策文件中根据养老机构收住生活自理老年人和生活不能完全自理老年人给予不同的运营补贴。到了2018年，北京新出台的政策文件中进一步拉大收住不同健康状况老年人补贴标准的差距，2014年生活自理老年人和生活不能完全自理老年人每月的补贴标准分别为300元和500元，到了2018年分别为100元和600元；如果养老机构收住失智老人，补贴标准提升到700元/月；根据养老机构的星级标准不同，在原有的基础上再叠加50~150元/月的补贴；根据养老机构没有失信信息的时间，在原有的基础上再叠加50~150元/月的补贴；如果养老机构设置医务室、护理站等内设医疗机构或引入医疗分支机构，在原有的基础上再叠加50元/月的补贴。河北在2007年、2012年、2015年的政策文件中，针对养老机构收住老年人的人数一视同仁地给予补贴；到了 2017 年，河北根据养老机构收住不同健康状况的老年人给予不同的补贴，失能、半失能老人给予 300 元/月的补贴，自理老人给予 100 元/月的补贴。天津在 2008 年的政策文件中，针对养老机构收住老年人的人数一视同仁地给予补贴；到了 2014 年，天津根据养老机构收住不同健康状况的老年人给予不同的补贴，自理老人给予 1050 元/年的补贴，不能自理和半自理老人给予 2250 元/年的补贴。从三地的政策文件规定来看，天津和河北直到 2014 年和 2017 年才与北京 2009 年的补贴方法一致，北京在 2018 年又根据养老机构的情况出台新的办法引导养老机构提升养老服务质量，这样的做法值得天津与河北借鉴。

补贴条件。三地在补贴条件方面有较大的差异，天津基本没有太多的规定，北京对接受运营补贴的机构做出了一定的限制。比较而言，河北的规定相对较多，有些条件也是其他两个地方没有的，比如河北 2012 年的政策规定养老机构年度服务对象满意率不低于 90%、年度每月入住老人达到 30 人（含）以上、按月登录"河北省养老服务信息系统"以及按系统要求填写河北籍入院老人详细信息。

补贴对象。从三地的规定来看，对于入住养老机构的老年人，北京在 2014 年的政策文件中明确规定，不仅包括本市户籍的老年人，还包括投靠本市户籍子女的外省市老年人；2018 年的政策文件中对外省市的老年人又做出了规定，外省市的老年人只要是本市户籍居民的直系亲属即可。河北在政策文件中则明确规定老年人需是本省户籍老人。天津对于补贴对象没有做出明确规定。

（四）养老机构贷款贴息政策

对于养老机构的贷款贴息，三地均在政策文件中有所体现，区别在于天津和河北在政策文件中给出了明确的规定，北京没有。天津在 2007 年发布的《关于加快我市养老服务业发展的意见》中规定：社会力量兴办养老机构如果通过银行按揭贷款购置经营用房的话，还可以享受贴息，要求社会力量与民政部门签订3年以上的房屋使用协议,按揭贷款50%的利息由政府给予,贴息贷款金额不超过10万元,贴息期限不超过3年。河北在2017年发布了《关于深化财政支持养老服务体系建设改革的实施意见》,在这个文件中规定贴息年限为1~3年,贴息不超过100万元。

(五)养老机构人员和人才支持政策

自2000年以来国家层面发布的政策文件中提及养老机构人员和人才支持政策的有16项,涉及人才培养、针对从业人员与人才的优惠政策、构建从业人员职业上升通道、鼓励从业人员参加培训以及制定优惠政策鼓励大学生从事养老服务业。从京津冀三地的养老机构人员和人才支持政策来看,其均在不同程度上涉及人才支持。其中,北京在2013年发布《北京市人民政府关于加快推进养老服务业发展的意见》,2016年发布《关于推进医疗卫生与养老服务相结合的实施意见》《北京市人民政府办公厅印发〈关于贯彻落实《北京市居家养老服务条例》的实施意见〉的通知》《北京市"十三五"时期老龄事业发展规划》,2017年发布《关于加强养老服务人才队伍建设的意见》《关于加强养老机构服务质量整治工作的指导意见》《关于印发〈关于开展养老机构服务质量建设专项行动全面提升养老行业服务质量水平的实施意见〉的通知》。2018年北京发布了《北京市养老服务人才培养培训补贴实施办法(征求意见稿)》,虽然只是处于征求意见阶段,但在接下来的分析中,也对这一政策文件进行分析。河北在2009年发布了《河北省民政厅关于开展养老护理员培训工作的通知》,2010年发布《河北省人民政府办公厅关于加快推进养老服务体系建设的实施意见》,2014年发布《河北省人民政府关于加快发展养老服务业的实施意见》和《河北省民政厅关于印发〈河北省养老机构管理办法〉的通知》,2017年发布《河北省人民政府办公厅关于印发河北省"十三五"老龄事业发展和养老体系建设规划的通知》、《河北省人民政府办公厅关于全面放开养老服务市场提升养老服务质量的实施意见》和《关于深化财政支持养老服务体系建设改革的实施意见》。天津在2007年发布《关于支持我市养老服务业发展促进下岗失业人员再就业有关问题的通知》，2010年发布《关于进一步加强养老机构院长和护理员培训工作的通知》，2014年发布《天津市养老服务促进条例》，2017年发布《关于印发天津市"十三五"老龄事业发展和养老体系建设规划的通知》。需要注意的是，不管是国家层面还是京津冀三地的涉及人才支持的政策，虽然很多的政策文件均有所提及，但是，更多的都是原则性的规定，真正有操作性的内容并不多。下面对三地有操作性的内容进行分析。

从三地养老机构人员和人才支持政策来看，各有侧重点，重合的内容较少，接下来分别介绍。三地养老机构人员和人才支持政策主要包括以下几个方面。（1）社会保险补贴。天津规定具有天津户籍、与养老机构签订一年以上劳动合同的养老护理人员可以享受五险补贴，补贴期限与劳动合同期限一致。其中，城镇企业职工养老保险为20%，基本医疗保险为6.3%，失业保险为2.0%，生育保险为0.8%，工伤保险为0.5%。（2）工资补贴。天津规定具有天津户籍、与养老机构签订一年以上劳动合同并被劳动部门认定为就业困难对象的养老护理人员，可以享受天津最低工资标准的30%的工资补贴，补贴期限与劳动合同期限一致。（3）培训补贴。对于培训补贴天津与北京做出了规定，天津2007年的政策规定取得初级职业资格证书给予200元补贴，如果取得中级职业资格证书，再给予100元补贴。2009年发布的《关于印发〈天津市职业培训补贴办法〉的通知》规定城镇登记失业人员、农村富余劳动力、外来劳动力参加职业技能培训，按需求程度分别给予培训成本100%、80%、60%的培训费补贴，其中外来劳动力参加职业技能培训后需要与用人单位签订一年以上劳动合同。上述人员参加职业技能培训，取得技师以上职业资格的，按培训成本给予100%的培训费补贴。北京2018年的《北京市养老服务人才培养培训补贴实施办法（征求意见稿）》规定培训人员参加职业技能培训、专业技术培训、管理人员培训并取得相应结业证书后按照900元/人的标准给予机构培训补贴。（4）大学生入职补贴。这一补贴只有河北和北京有，河北规定与养老机构签订5年以上劳动合同的本科与专科毕业生，从业满2年的，给予2000元的一次性就业补助，从业3年以上的，给予3000元的一次性就业补助。北京规定普通高等学校、高等职业院校和中等职业学校的应届毕业生和毕业一年以内的往届毕业生进入非营利性养老机构从事一线专职养老护理工作,工作满2年以后,分别给予本科及以上的大学生6万元、专科(高职)大学生5万元、中职毕业生4万元补贴,分3年发放。(5)养老服务岗位补贴。这一补贴只有北京有,北京规定从事一线养老护理服务工作的护理员给予岗位补贴,其中,护理失智老人每月给予1000元补贴,护理失能老人每月给予800元补贴,护理其他老人每月给予500元补贴。工作满一年以后,每增加一年,每月的补贴增加200元。补贴期限暂时按照5年期限实施。(6)学生就读期间生活补贴。这一补贴只有北京有,北京规定学生就读老年服务与管理专业且毕业后在养老服务一线岗位服务期限不少于5年,学生在读期间免除学杂费和住宿费,每年发放10个月的补贴,每月600元。

(六)特殊老人入住养老机构优惠政策

从三地的政策文件来看,均出台了针对特殊老人的优惠政策,从出台的政策文件数量与内容来看,北京无疑走在了最前面。北京在2011年发布了《北京市低保家庭生活不能完全自理老年人入住定点社会福利机构补助办法(试行)》,2015年出台《北京市公办养老机构入住及评估管理办法》和《特殊家庭老年人通过代理服务入住养老机构实施办法》,2016年出台《北京市困境家庭服务对象入住社会福利机构补助实施办法》,2017年出台《关于进一步规范公办养老机构入住管理工作的通知》。天津在2010年出台《天津市资助经济困难老年人入住养老机构办法(试行)》,2014年出台《天津市养老服务促进条例》。河北只是在2007年发布《关于加快发展养老服务业的意见》。

从北京的政策内容来看,包括以下几个方面的内容。第一,特殊老人入住养老机构给予补贴。2011年的《北京市低保家庭生活不能完全自理老年人入住定点社会福利机构补助办法(试行)》规定本市户籍60岁及以上老年人中享受城乡低保、生活不能完全自理、自愿入住所在地民政局指定的社会福利机构的每月给予1100元的补贴,定点社会福利机构收费标准低于

1100元的,根据实际收费标准给予补贴。2016年出台的《北京市困境家庭服务对象入住社会福利机构补助实施办法》规定对于困境家庭服务对象入住养老机构给予定额补助,同时,当社会福利机构收住老年人达到一定的数量时,在规定的康复器材目录范围内按比例给予一次性补贴。第二,安排有需要的特殊老人入住公办养老机构。2015年出台的《北京市公办养老机构入住及评估管理办法》对三类基本养老服务保障对象和计划生育特殊困难家庭中失能或者70周岁及以上的老年人给予倾斜性的政策,上述几类老人由民政部门统一安排入住街道或者乡镇所属公办养老机构。第三,给特殊老人入住养老机构提供代理人服务。2015年出台的《特殊家庭老年人通过代理服务入住养老机构实施办法》解决了老年人的两个难题,其一是无法与养老机构签订服务合同,其二是住院登记和手术签字无法履行相应的程序。第四,公办机构预留保障性床位,并确保充分利用。2017年出台的《关于进一步规范公办养老机构入住管理工作的通知》提出要"确保公办公营机构床位和公办(建)民营机构20%以上比例的保障性床位的充分利用"。

天津在2010年出台了《天津市资助经济困难老年人入住养老机构办法(试行)》,根据这一办法,天津户籍老人中经济困难的老人如果愿意入住养老机构,可以根据经济状况和身体状况获得不同的资助(服务券形式)。如果老年人入住的是政府办的养老机构,资助金额的上限为物价部门核定的床位收费标准;如果入住的是社会力量兴办的非营利性养老机构,资助金额可以为物价部门核定的床位收费标准的15%。文件中还设定了资助的优先顺序,老年人经济条件相同时,优先资助生活不能自理或半自理的老人;老年人身体情况相同时,优先资助经济状况差的老人;老年人身体健康和经济状况相同时,优先资助高龄老人。天津在2014年出台了《天津市养老服务促进条例》,条例中明确提出政府投资兴办的养老机构应该收住"三无"老人和抚养人没有赡养能力的老人,同时,应该以收住失能老人和半失能老人为主,优先安排经济困难的几类老人(失能老人、半失能老人、孤寡老人、高龄老人)。

河北2007年出台的《关于加快发展养老服务业的意见》提出城市"三

无"对象和农村"五保"对象入住社会办养老机构，财政给予的补助不足以支付其在机构所需费用时由地方财政补足。

从三地的政策内容来看，覆盖对象的差异比较明显。北京的政策覆盖的特殊人群最多，包括低保家庭生活不能完全自理老年人、政府供养保障对象（包括城市特困人员、农村"五保"对象）、困境家庭保障对象（包括低保或低收入家庭中孤寡、失能或高龄的老年人）和优待服务保障对象（包括享受市级及以上劳动模范待遇人员、因公致残人员或见义勇为伤残人士等为社会做出突出贡献人员中失能或高龄的老年人）、低保或低收入家庭以及享受民政部门重残人生活困难补助的残疾人中年满60周岁的失能老年人或年满80周岁的高龄老年人、入住属地养老机构的计划生育特殊困难家庭中的失能老年人或年满70周岁的老年人（含其重残的独生子女）。河北只包括城市"三无"对象和农村"五保"对象。天津的优惠对象是天津户籍、经济困难、愿意入住养老机构的老年人。

（七）养老机构综合责任保险政策

为了做好养老机构风险防范工作，三地近年来均启动了养老机构综合责任保险的工作。北京在2012年发布了《北京市民政局关于推行养老服务机构综合责任保险有关事项的通知》和《北京市民政局 北京市财政局关于推行养老服务机构综合责任保险的意见》，2014年发布了《北京市民政局关于进一步做好养老机构综合责任保险有关事项的通知》。天津在2016年发布了《关于在我市开展养老床位综合责任保险工作的通知》，2017年发布了《关于做好我市2017至2019年度养老床位综合责任保险续保工作的通知》。河北在2014年发布了《关于推进养老机构责任保险工作的意见》，2015年发布了《关于养老机构责任保险补贴问题的通知》，2017年发布了《关于深化财政支持养老服务体系建设改革的实施意见》。

从三地关于养老机构综合责任保险的补贴标准来看，有一定的差异。北京对养老机构给予保费80%的补贴，保费会根据情况进行调整；河北给养老机构的补贴标准是80元/（床·年）；天津规定政府兴办和非营利性养老服务机构保险费用由市福利彩票公益金负担，营利性养老机构参照全市统一保险方案自行缴纳保险费用。

（八）养老机构公建民营政策

关于养老机构公建民营，三地均出台了文件，不同的是，北京和天津出台了专门的政策文件，北京在2015年出台《北京市养老机构公建民营实施办法》，天津在2014年出台《关于印发〈关于推进我市公办养老机构公建民营的意见〉的通知》，河北只是在2017年发布的《河北省人民政府办公厅关于进一步激发社会领域投资活力的实施意见》中提及要"积极推进社会力量广泛参与养老服务机构改革，鼓励采取公建民营等方式，开展公办养老机构改革试点，将产权归政府所有的现有或新建养老服务设施委托专业化、高水平企业或社会组织运营"。

从北京和天津对于公建民营的做法来看，有以下几个方面的差异：第一，投标人资格，北京和天津均是鼓励具备相关资质的企业、社会组织或个人作为运营方，北京同时还倡导采取品牌机构连锁运营的方式，直接选择具有广泛影响力和品牌效应的养老服务企业、社会组织作为运营方；第二，公建民营以后，基本养老服务保障对象如何安置，北京规定科学划定床位比例接收基本养老服务保障对象，一般不低于总床位的20%，天津没有明确规定，只是在文件中提到"公建民营养老机构要继续发挥托底作用，留有适当比例床位"；第三，公建民营养老机构享受的支持政策，北京规定公建民营养老机构享受与社会办养老机构同等的优惠扶持政策，天津在《关于印发〈关于推进我市公办养老机构公建民营的意见〉的通知》中专门对公建民营养老机构享受的支持政策做出说明。

（九）养老机构星级评定政策

为了鼓励养老机构健康发展，三地均出台了相关文件推动养老机构的星级评定工作。早在2004年，北京就发布了《北京市民政局 北京市质量技术监督局关于开展养老服务质量星级评定工作的通知》，后来，在2010年发布

《关于进一步推进养老服务机构服务质量星级评定工作的通知》,2011年发布《北京市民政局关于开展养老服务机构星级评定以奖代补工作的通知》,2012年发布《北京市民政局 北京市质量技术监督局关于进一步推进养老服务机构星级评定工作的通知》和《北京市民政局 北京市质量技术监督局关于调整养老服务机构星级评定组织机构的通知》,2013年发布《北京市民政局关于开展农村五保供养服务机构等级评定工作的通知》和《北京市民政局关于农村五保供养服务机构等级评定的决定》。河北在2011年发布《河北省养老服务机构星级评定标准(试行)》,2017年发布《河北省养老机构星级评定管理办法(试行)》和《河北省养老服务机构星级评定细则(试行)》。天津在2012年发布《关于印发〈天津市星级五保供养服务机构评审办法(试行)〉的通知》,2015年发布《天津市民政局关于开展农村五保供养服务机构等级评定工作的通知》。

从三地的养老机构星级评定对象来看,北京针对的是包括养老机构在内的养老服务机构,河北与北京的情况基本一致,差别在于北京专门出台针对农村"五保"供养服务机构的等级评定政策文件,天津出台的养老机构星级评定文件针对的是"五保"供养服务机构。

对于参加星级评定的机构,三地之中,只有北京和河北在文件中明确给予一定的奖励,北京根据养老机构的星级状况给予一星2万元、二星4万元、三星8万元、四星16万元、五星32万元的奖励,河北给予二星2万元、三星4万元、四星6万元、五星8万元的奖励。另外,北京对于不同星级的养老机构收住的老年人给予不同的运营补贴。

(十)京津冀三地其他做法

除了上面几个方面的内容,还有一些关于养老机构的其他内容,主要是北京和天津还有一些别的内容,主要包括以下几点。(1)养老机构信用信息管理。2018年北京出台专门的文件对养老机构信用信息管理做出详细说明。(2)养老机构监管。2018年北京出台专门的政策文件《北京市养老服务机构监管办法(试行)》,就养老机构的监管主体、监管内容、监管方式、监管机制、监管职责做出明确规定。(3)养老机构突发事件报告制度。

2018年北京出台专门的政策文件《关于进一步加强养老服务机构突发事件报告工作的通知》，就报告主体、报告范围、报告程序及内容做出相应规定。（4）养老机构辐射服务项目补助。为了推动养老机构在居家养老服务中发挥作用，北京在2015年出台了《关于支持养老照料中心和养老机构完善社区居家养老服务功能的通知》，根据通知，养老机构如果把相关服务延伸到社区，每提供一项服务，可以获得20万元的补助，补助金额的上限为200万元。天津也有类似的规定，天津在2012年发布《关于开展养老机构社区延伸服务（虚拟养老院）试点工作的意见》，即依托现有养老机构，把机构内专业服务模式、服务标准等引入社区家庭，让居住在家的老人也能够享受到高质量服务。（5）公办养老机构管理体制改革。北京2015年发布的《关于深化公办养老机构管理体制改革的意见》中，就科学划分公办养老机构类型，明确接收对象，健全收费管理制度和价格调控机制，科学规划养老床位建设等内容做出明确规定。（6）公办养老机构收费管理。2015年北京出台《北京市公办养老机构收费管理暂行办法》，就公办养老机构的收费项目、定价管理、收费行为规范等内容做出明确规定。

三 大城市养老机构政策

2014年11月20日，国务院发布《关于调整城市规模划分标准的通知》，城区常住人口在100万至500万人的为大城市，城区常住人口在500万至1000万人的为特大城市，城区常住人口在1000万人以上的为超大城市。根据这一标准，使用2010年第六次全国人口普查数据推算的超大城市有3个，分别是北京、上海、深圳；特大城市有9个，分别是广州、天津、重庆、武汉、东莞、佛山、成都、沈阳、南京；Ⅰ型大城市有11个，分别是西安、哈尔滨、杭州、大连、郑州、青岛、济南、长春、昆明、合肥、太原；Ⅱ型大城市有47个。四类城市一共有70个。2018年末的中央经济工作会议提出在2019年"要完善养老护理体系，努力解决大城市养老难问题"。受到人力限制、资料可获得性限制，本部分在分析的时候选择70个大城市作为分析对象。

从70个城市针对养老机构的政策发文情况来看，上海发布关于养老机构的政策文件相对较多，且值得其他地方借鉴的内容也相对较多。其他的城市政策文件数量相对较少，在内容方面，与其他城市相比比较一致。上述70个城市在养老机构的相关规定中，比较有新意的做法主要体现在以下几个方面。

（一）养老机构建设补贴政策

从各个城市的情况来看，关于养老机构建设补贴的政策较多，有新意的做法也比较多，主要表现在以下几个方面。

第一，同一城市不同区域补贴标准不同。杭州2019年发布的《关于印发〈杭州市市级养老服务资金补助实施办法（试行）〉的通知》规定主城区每张床位给予12000元一次性补贴，其他地区的补贴标准为6000元。西安2015年发布的《西安市人民政府关于加快发展养老服务业的实施意见》也有类似的规定，城六区每张床位给予5000元一次性补助，其他区给予4000元一次性补助。

第二，建设补贴如何发放。很多城市在发放建设补贴时选择一次性发放，但是，也有一些城市选择别的发放方式。杭州2019年发布的《关于印发〈杭州市市级养老服务资金补助实施办法（试行）〉的通知》规定补贴分两次发放，每次发50%。青岛2016年发布的《关于加快推进养老服务业发展的实施意见》规定养老机构床位如果是新建的，分3年拨付到位，改造或者租赁的，分2年拨付到位。深圳2018年发布的《关于印发〈深圳市民办养老机构资助办法〉的通知》规定养老机构新增床位给予的4万元补贴，分4年发放，每年发放1万元。沈阳2015年发布的《关于做好养老服务机构相关补贴的通知》规定补助资金分5年拨付。郑州2018年发布的《关于印发〈郑州市资助民办养老机构实施办法〉的通知》规定建设补贴分3年发放。武汉2017年发布的《关于提升养老服务供给水平加快发展养老服务业的实施意见》规定养老机构的建设补贴分3年发放，每年分别发放40%、30%、30%。南京2018年发布的《关于健全完善养老服务补贴的通知》规定除了护理型床位改建建设补贴是一次性发放以外，其余的建设补贴均是分两次拨付，每次拨付50%。

第三，床位数量不同补贴标准不同。哈尔滨在2011年发布的《关于印发〈哈尔滨市社会办养老机构资助金使用管理办法〉的通知》中针对不同的床位数量给予不同的补贴，其中，拥有100张及以上的床位的机构每张床位给予3000元补贴，50~100张的给予2000元补贴，20~50张的给予1000元补贴。

第四，补贴领取需要达到一定的入住率。2019年发布的《关于印发〈杭州市市级养老服务资金补助实施办法（试行）〉的通知》规定补贴分两次发放，第一次是在养老机构运营一年以后且入住率要达到30%，第二次是在养老机构运营三年以后且入住率达到50%。重庆2014年发布的《关于调整社会办养老机构建设补贴的通知》要求入住率在50%以上才能领取补贴。南京2018年发布的《关于健全完善养老服务补贴的通知》规定领取第一次补贴是在入住率达到15%时，第二次是在入住率达到30%时。

第五，补贴领取需要床位数量达到一定的标准。重庆2014年发布的《关于调整社会办养老机构建设补贴的通知》明确规定养老机构新增床位要在50张以上。哈尔滨在2011年发布的《关于印发〈哈尔滨市社会办养老机构资助金使用管理办法〉的通知》中虽然没有明确规定养老机构床位数量要达到多少才给予建设补贴，但是，在这个政策文件中提及床位数量在20张以下没有补贴。

除了上述几个方面的内容以外，南京2018年发布的《关于健全完善养老服务补贴的通知》针对养老机构普通型床位建设补贴的前提条件做出14条规定，护理型床位要满足5个条件。

（二）养老机构运营补贴政策

在养老机构运营补贴方面，各个城市基本上差异不大，不过，依然有一些城市在这个方面做出了不同的规定。首先表现在对不同的区域，养老机构的床位运营补贴有所差异。比如南京在2014年发布的《关于加快发展养老服务业的实施意见》中就规定六城区500元、五郊区400元。养老机构的运营补贴差异更多地体现在领取条件方面，有些城市如广州的领取条件多达12项。具体来看，各个城市在领取条件方面，有以下几种情况比较有新意。第一，入住率。哈尔滨2011年发布的《关于印发〈哈尔滨市社会办养老机构资助金使用管理办法〉的通知》要求入住率达到60%以上，南京2014年发布的《关于加快发展养老服务业的实施意见》要求入住率达到70%。第二，工作人员与服务对象的比例。广州在2017年发布的《关于印发广州市民办养老机构资助办法的通知》中规定工作人员与能力完好、轻度失能/中度失能与重度失能的比例分别不低于1∶10、1∶5、1∶3。第三，养老机构要购买养老机构意外责任险。广州2017年发布的《关于印发广州市民办养老机构资助办法的通知》明确要求养老机构要购买养老机构意外责任险。第四，养老机构工作人员薪酬、薪酬支付以及社会保险等满足一定的条件。2017年发布的《关于印发广州市民办养老机构资助办法的通知》明确要求养老机构工作人员的薪酬要符合广州的养老服务从业人员薪酬指导价标准，养老机构要及时、足额支付工作人员薪酬，同时，还要给工作人员缴纳社会保险费。第五，养老机构收费要符合相关标准。依然是广州2017年发布的《关于印发广州市民办养老机构资助办法的通知》，在这个文件中对养老机构床位费、护理费收费标准做出上限要求，伙食费按照非营利性原则收取。

（三）养老机构医养结合补贴政策

为了鼓励养老机构践行医养结合政策，部分城市对于医养结合的养老机构给予补贴。如广州2017年发布的《关于印发广州市民办养老机构资助办法的通知》规定具备医保定点资格的养老机构给予20万元补贴，不具备医保定点资格的医养结合养老机构给予15万元补贴。深圳2018年发布的《关于印发〈深圳市民办养老机构资助办法〉的通知》给予两类机构的补贴标准分别为30万元和20万元。杭州2019年发布的《关于印发〈杭州市市级养老服务资金补助实施办法（试行）〉的通知》与广州和深圳的规定有所不同，这个文件规定如果养老机构设置护理站、医务室/保健室、卫生所，可以获得10万元的补贴；如果养老机构设置门诊部，可以获得15万元的补贴。南京2018年发布的《关于健全完善养老服务补贴的通知》规定养老机构内设医疗机构运营满一年以后，如果机构内设医务室可以获得5万元补贴，内设护理站可以获得10万元补贴，内设护理院可以获得15万元补贴，内设康复医院可以获得20万元补贴。上海2017年发布《关于对本市非营利性养老机构实施"以奖代补"扶持政策的通知》，这个文件规定养老机构内设护理站、医务室/保健站、卫生所，可以获得10万元一次性奖补，内设护理院或者门诊部可以获得50万元一次性奖补。

（四）养老机构延伸服务补贴政策

包括北京在内的城市均鼓励养老机构向附近的社区提供延伸服务，并给予一定的补贴。但是，如何给予补贴，又有一定的差异，北京按照项目给予补贴。也有城市以其他形式进行补贴，如广州2017年发布的《关于印发广州市民办养老机构资助办法的通知》针对养老机构对居家的老人提供的服务，根据次数以及服务质量进行补贴，日间托老服务、康复护理类服务、上门生活照料、上门医疗服务根据评估情况，合格、良好、优秀的补助每人次分别不少于2元、3元和4元。同时，这个文件中还对上门医疗服务和康复护理类服务的服务时间做出下限规定。

（五）公办养老机构轮候入住政策

关于公办养老机构轮候入住，共有4个城市在政策文件中提及，分别是成都、上海、广州和深圳。其中，成都在2014年专门发布文件《成都市公办养老机构轮候入住暂行规定》，广州和深圳在2017年分别发布《关于印发广州市公办养老机构入住评估轮候管理办法的通知》和《深圳市公办养老机构入住评估轮候管理办法（试行）》，上海同样在2017年发布《关于规范本市保基本养老机构（床位）管理的通知》。从4个城市的规定来看，有以下几个方面的异同。

第一，什么样的机构轮候。从4个城市的规定来看，3个城市均规定是公办养老机构，只有上海是保基本养老机构，所谓的保基本养老机构除了政府举办的养老机构，还包括一部分社会办养老机构。

第二，服务对象。4个城市规定的服务对象有着较大的差异。其中，成都规定是三类老人，分别是具有成都户籍的城镇"三无"老年人，具有成都户籍的重度残疾老年人，重点优抚对象，失去独生子女或者独生子女一、二级残疾的老年人；经区（市）县级以上人民政府批准的对社会做出重大贡献的老年人；普通老年人。上海的服务对象包括两类，一类是养老基本公共服务对象，另一类是保基本养老机构（床位）服务对象。其中，养老基本公共服务对象是上海户籍60岁及以上且经过老年照护统一需求评估达到相应等级的老年人，以及符合上海优待优抚政策的老年人；保基本养老机构（床位）服务对象是养老基本公共服务对象中照护等级达到四级以上的老年人。广州和深圳规定服务对象是具有广州或者深圳户籍的60岁以上且没有暴力倾向、精神状况稳定、没有传染性疾病、自愿入住养老机构的老年人。另外，广州进一步扩大了服务对象范围，没有广州户籍但是对广州做出重大贡献且在广州居住的失能老人也可以申请轮候入住公办养老机构。

第三，床位如何分配。成都明确规定床位首先满足政府保障人员，在剩下的床位中30%预留给政府保障人员，40%预留给特殊群体人员，30%满足普通老人。上海规定各区的每个街道、乡镇至少有一家保基本养老机构，各区的保基本养老机构的床位数量不低于区域户籍老年人口的2%。深圳只是规定公办养老机构的床位应该以护理型为主，逐步提高中度失能、重度失能收住对象的比例。广州规定公办养老机构床位设置以护理型床位为主，新建的公办养老机构，护理型床位应占总床位的80%以上，已建成的公办养老机构应逐步提高护理型床位比例。广州还规定公办养老机构连续2个月空余床位超过20张的，除预留20张床位以外，应将至少50%的空余床位纳入接受跨区轮候范围。

第四，轮候原则。成都规定政府保障人员按照"愿进全进"的原则，特殊群体老年人和普通老年人按照"轮候入住"的原则。上海规定了不同的老年人入住机构的优先级别，达到照护等级且为低保/低收入家庭、重点优抚对象的老年人优先保障，其他达到照护等级的老年人按照申请轮候入住。广州规定轮候通道分为特殊保障通道、优先轮候通道和普通轮候通道，其中，特殊保障通道面向的是失能的无劳动能力、无生活来源、无赡养人和扶养人的老年人，失能的农村"五保"老年人无法安排到户籍所在地街镇农村"五保"供养服务机构时应纳入特殊保障通道范围；优先轮候通道面向的是失能的低保、低收入困难家庭老年人，失能的烈士遗属、享受抚恤补助待遇的优抚对象，计划生育特扶老年人，经济困难的孤寡、高龄、失能老年人，以及为广州做出重大贡献并在本市居住的失能老年人；普通轮候通道面向除上述两类老人之外的老年人，本通道内的失能老年人优先于本通道内其他老年人轮候入住。深圳把轮候通道分为优先保障通道和普通轮候通道，其中，优先保障通道包括以下四类老人：（1）低保及低保边缘困难家庭的中度及以上失能老年人；（2）中度及以上失能的民政抚恤补助待遇的优抚对象；（3）中度及以上失能的计划生育特殊家庭老年人；（4）经市、区政府认定的对社会做出重大贡献的中度及以上失能老年人。除了上述四类老人以外的老年人都在普通轮候通道进行轮候。

（六）人才支持政策

从各个城市针对养老机构从业人员的支持政策来看，真是"八仙过海各显神通"。主要包括以下几个方面。

（1）入职补贴。入职补贴是很多城市都采取的办法，从这些城市的做法来看，有以下几个方面。第一，入职补贴发给谁。广州2018年发布的《关于印发广州市养老机构服务人员就业补贴及岗位补贴试行办法的通知》针对在养老机构工作满3年的中等职业技术学校（技工学校）全日制毕业生和高等院校全日制毕业生及技工院校全日制高级工班、预备技师班毕业生；杭州2019年发布的《关于印发〈杭州市市级养老服务资金补助实施办法（试行）〉的通知》明确发放对象是高等院校、高职和中等职业技术学校中老年服务与管理、家政服务与管理、护理、康复治疗、中医护理、中医康复保健、康复技术等专业大类毕业的全日制毕业生；青岛2016年发布的

《关于加快推进养老服务业发展的实施意见》针对大中专毕业生；南京2018年发布的《关于健全完善养老服务补贴的通知》针对全日制毕业生和非全日制毕业生。第二，入职补贴发多少。由于经济状况不同，各地入职补贴有一定的差异。广州给中等职业技术学校（技工学校）全日制毕业生5000元，给高等院校全日制毕业生及技工院校全日制高级工班、预备技师班毕业生10000元；杭州对高等院校毕业生、高职毕业生、中等职业技术学校毕业生分别给予40000元、26000元和21000元的补助；青岛给大中专毕业生最高30000元补贴；南京给本科及以上毕业生、大专毕业生、中专毕业生分别50000元、40000元和30000元，非全日制毕业生是对应全日制毕业生的70%。第三，入职补贴如何发放。广州是一次性发放；杭州是分两次发放，每次发放50%，分别在毕业生入职工作3年和5年时；南京的发放办法比较复杂，由于要求发放对象工作满5年，对于那些工作已经满5年的，一次性发放，对于那些工作2～5年的，第1年到第5年分别发放奖励的10%、15%、20%、25%和30%。第四，入职补贴领取的年限。杭州要求至少工作满3年，青岛要求工作满5年。

（2）岗位补贴。除了入职补贴，一些城市还给护理员岗位补贴。广州2018年发布的《关于印发广州市养老机构服务人员就业补贴及岗位补贴试行办法的通知》规定，在养老机构工作5～10年的给予5000元一次性岗位补贴，满10年的给予20000元一次性岗位补贴。2016年青岛发布的《关于加快推进养老服务业发展的实施意见》针对初级、中级、高级、技师不同等级，分别给予每人每月100元、120元、140元、160元的岗位津贴。苏州在2011年出台了《关于加快推进我市社会养老服务事业发展的若干补充意见》，在这个意见中规定，持证的养老护理员在同一养老机构工作1年以上，每月给予100元的岗位补贴，工作年限增加1年，补贴增加100元，工作年限在10年以内的，补贴上限为500元，11年及以上的，补贴为800元。武汉在2018年发布了《关于做好养老护理员补贴发放工作的通知》，针对护理岗的工作人员给予岗位补贴，护理员从第3年开始领取补贴，每月100元。南京2018年发布的《关于健全完善养老服务补贴的通知》规定从护理员工作的第 2 年起每人每月给予 100 元的岗位补贴，工作年限每增加 1 年，补贴每月增加 100 元，工作时间在 10 年以内的，补贴的上限是每月 500 元，工作时间在 11 年及以上的，每人每月给予 800 元的岗位补贴。郑州 2018 年发布的《关于印发〈郑州市资助民办养老机构实施办法〉的通知》规定养老护理员工作 1～5 年的，每人每月给予 100 元补贴；工作 5～10 年的，每人每月给予 150 元补贴；工作 10 年及以上的，每人每月给予 200 元补贴。

（3）鼓励养老机构吸纳劳动力。如成都 2018 年出台的《关于深化养老服务综合改革提升养老服务质量的实施意见》就规定养老机构如果吸纳高校毕业生、建档立卡贫困户、低保和低保边缘家庭、返乡农民工、征地拆迁家属劳动力就业，且签订一年以上劳动合同并参加社会保险的，每人给予 1000 元一次性奖励。

（4）鼓励养老机构招收持证人员。上海 2017 年发布的《关于对本市非营利性养老机构实施"以奖代补"扶持政策的通知》规定养老机构如果招收持证人员会获得相应的奖励。其中，如果养老机构招用具有初级、中级、高级等级证书的护理员，将会得到上一年度上海最低工资 20%、30% 和 50% 的奖励；如果养老机构招收医护、康复、社会工作等专业技术人员，每招收一人将会获得上一年度上海最低工资 50% 的奖励。

（七）养老机构区域协同与合作政策

在养老机构区域协同与合作方面，成都与广州做出了相关规定。成都在 2018 年发布的《关于深化养老服务综合改革提升养老服务质量的实施意见》中提出了养老机构的协调发展，德阳、资阳、眉山的社会化养老机构收住成都中心城区户籍老年人，同等享受成都的服务性床位补贴政策。

2016 年发布的《广州市人民政府关于全面深化公办养老机构改革的意见》规定市、区公办养老机构要与辖区内的至少两家民办养老机构或者街道（镇）公办养老机构建立对口支援协作机制，在人员培训、技术指导、设备支援等方面进行合作。

2018年上海发布了《关于印发〈本市优质养老机构与薄弱养老机构结对共建工作方案〉的通知》，规定等级被评为三级的优质养老机构与正在执业的薄弱养老机构在人员培训、管理经验、技术指导等方面进行合作。

（八）养老机构收费政策

关于养老机构收费的问题，北京在2015年出台了《北京市公办养老机构收费管理暂行办法》，从政策文件内容来看，仅仅就公办养老机构的收费问题做出规定。广州2017年出台的《关于规范我市养老院服务收费问题的通知》就公办养老机构、民办养老机构和农村敬老院的收费做出规定。广州养老机构收费办法如表2所示。

表2　广州养老机构收费办法

	护理费	床位费	伙食费
公办养老机构	政府定价管理	政府定价管理	非营利原则据实收取
农村敬老院	政府定价管理	政府定价管理	非营利原则据实收取
经营性民办养老机构	经营者自主确定	经营者自主确定	经营者自主确定
公益性民办养老机构	经营者合理确定	经营者合理确定	经营者合理确定

（九）收支结余提取政策

2015年发布的《沈阳市人民政府关于加快发展养老服务业的实施意见》规定民办非营利性养老机构有收支结余的可以提取一定比例用于奖励举办人，年奖励总额不超过以举办人累计出资额为基数的同期银行一年期贷款基准利率2倍利息额；投入满5年后，在保证不撤资、不影响法人财产稳定的前提下，经养老服务机构决策机构同意，出资人产（股）权份额可转让、继承、赠予。

（十）贷款贴息政策

2015年发布的《沈阳市人民政府关于加快发展养老服务业的实施意见》

规定，养老机构在职职工中毕业2年以内高校毕业生、登记失业人员、就业困难人员、城镇复退军人占比达到20%，可以给予不超过200万元的贴息贷款，贷款期限不超过2年，机构可以享受50%贷款利息的贴息。对于新建、扩建、购置及租赁用房的民办非营利性养老机构（包括公建民营类），按当年固定资产投资额的10%给予贴息，最高不超过500万元。

（十一）其他优惠政策

其他的优惠政策相对零散，分散在不同城市的政策文件中，内容包括养老机构护理员优先申请公共租赁住房/落户加分/给予政府津贴、养老机构质量认证奖励、养老机构老年大学课程奖励、养老机构等级提升奖励、养老机构品牌连锁经营奖励、郊区农村薄弱的公建/民办非企业养老机构改造。

青岛2016年发布的《关于加快推进养老服务业发展的实施意见》针对满足累计服务时间并获得初级养老护理员证书的养老护理员，在申请公共租赁住房时优先纳入享受范围。同时，在这个文件中，青岛还将养老护理员确定为紧缺工种，在落户时增加20分落户导向分。青岛还每2年评选一次"青岛敬老使者"，被评上以后，每月给予1000元的政府津贴，期限是4年。

苏州在2013年发布了《〈关于加快推进我市社会养老服务事业发展的若干补充意见〉的操作办法》，在这个办法中提出如果养老机构取得ISO质量体系认证，就可以获得5万元的奖励。

南京2018年发布的《关于健全完善养老服务补贴的通知》规定养老机构开设老年大学课程，经过考核，根据考核等级给予相应的奖励，优秀的给5万元，良好的给4万元，中等的给3万元。在这个文件中还规定，养老机构每提升一个等级将会得到10万元的奖励。

上海2017年发布的《关于对本市非营利性养老机构实施"以奖代补"扶持政策的通知》规定如果养老机构连锁经营机构数达到2家以上，而且单个养老机构床位规模达到50张以上，服务对象评价良好，对养老机构的创始机构给予15万元的一次性奖补，每增加一家养老机构都会得到15万元的奖补。

上海在2018年发布了《郊区农村薄弱养老机构改造的通知》，这个文件要求上海在2018年完成40家郊区农村薄弱的公建、民办非企业养老机构改造，改造包括养老机构适老性改造、失智失能专用护理设备配置和其他改造，如无障碍设施改造、特种设备间改造、屋顶或墙面渗水改造等。

四　展望

在对北京的养老机构政策文件、京津冀三地养老机构政策文件以及超大城市和特大城市的政策文件梳理以后，对于北京养老机构的未来以及京津冀三地养老机构协同发展，需要在以下几个方面进行调整和思考。

在养老机构的建设补贴方面，需要注意以下几个问题。第一，同一城市不同区域养老机构建设补贴标准有所不同，这在一定程度上体现了不同区域养老机构建设时建设成本的差异。第二，养老机构建设补贴如何发放，考虑到养老机构存活时间，一次性发放并不是明智之举，一旦养老机构建成之后短期内无法持续经营，则养老机构建设补贴无法发挥应有的价值。第三，养老机构床位数量不同补贴标准不同，这样的做法可以在一定程度上引导养老机构建设的时候设置合适的床位数量，不过，到底床位数量多少才是合适的，需要经过深入的研究才知道。需要注意的是，有些城市床位数量越多补贴越高，这会引导养老机构建设大量的床位。第四，养老机构建设补贴床位数量应该有封顶线，也就是说，当养老机构床位数量在某一上限之内时，才会得到建设补贴，超过部分不再给予建设补贴，可以防止有些机构为了获取建设补贴而盲目建设大量的床位。第五，养老机构建设补贴发放应该与入住率挂钩，只有入住率达到一定的比例，才能领取建设补贴，这也会在一定程度上限制养老机构盲目建设大量床位。

在养老机构的运营补贴方面，需要注意以下三个问题：第一，养老机构领取运营补贴的前提条件，也就是说，只有养老机构满足一定的条件才能领取运营补贴，这些条件可以与养老机构的服务质量、政府对养老机构的监管等条件挂钩，这一点广州的做法值得借鉴；第二，养老机构的运营补贴不断做加法,即根据养老机构的运营情况尤其是质量提升给予相应的运营补贴,这一点北京 2018 年的新政策有很多值得借鉴的地方;第三,养老机构不同收住对象之间的补贴标准差距拉大,引导养老机构收住急需入住养老机构的老年人。北京收住生活自理和不能自理老年人的运营补贴由之前的 200 元/(人·月)扩大到 500 元/(人·月)。

在养老机构的医养结合补贴方面,主要有两种做法,大部分城市的做法是根据养老机构内设医疗机构的情况给予一次性奖补,北京的做法是如果养老机构设置医务室、护理站等内设医疗机构或引入医疗分支机构,根据入住人数,每人叠加 50 元/月的补贴。比较而言,北京的做法更为可取,与入住人数挂钩的补贴,可以在一定程度上鼓励养老机构考虑内设医疗机构的可持续性,一次性发放奖补的办法无法保证养老机构内设医疗机构可持续地存在。另外,北京的做法中,每人叠加 50 元/月的补贴还是根据老年人就医情况进行叠加,未来可以根据养老机构的情况进行深入研究。

在养老机构延伸服务补贴方面,北京的做法是根据项目给予养老机构补贴,上海的项目是根据养老机构服务的人次给予补贴。到底哪一种方法更可取,需要对项目进行评估,发现政策推行过程中的经验与教训,决定到底哪一种方式更为可取。

在公办养老机构轮候入住方面,2015 年出台了《北京市公办养老机构入住及评估管理办法》,这个文件中提到了基本养老服务保障对象的轮候,关于公办养老机构轮候入住的相关规定只有几句话,与广州、深圳、成都以及上海的政策相比过于简单。北京的公办养老机构轮候如果依然存在问题,可以参考上述 4 个城市的做法,出台专门的政策文件。

在人才支持政策方面,从政策本身来说,各个城市之间有较大的差异,有以下几点值得注意:第一,补贴的发放对象是只针对人才还是把一般的护理人员也涵盖;第二,补贴发放标准是否有吸引力,发放了相关补贴以后与社会平均工资相比还有多大的差距,是不是发放了入职补贴与岗位补贴就能够吸引相关的人才进入养老行业并能够留下来;第三,补贴的发放方式,从留住人才的角度来说,一些城市的做法可能不利于留住人才;第四,有些城市的政策已经实施了一段时间，是时候对政策的实施效果进行评估了，根据政策实施前后人才队伍的变化情况，总结政策实施过程中的经验与教训，进而修正政策。虽然各个城市针对人才给予入职补贴和岗位补贴，但是，对于养老机构的人才来说，上升通道问题是他们更为关心的，目前的人才支持政策并未很好地解决人才的上升通道问题，甚至是避而不谈。人才的上升通道问题是吸引人才加入、稳定人才队伍的关键问题。

在养老机构区域协同与合作方面，京津冀三地养老机构的协同与合作已经出台了一些政策，未来的关键是政策出台以后是否落实，落实的效果如何。在北京内部，养老机构的区域合作尚未开展，像广州的市、区公办养老机构要与辖区内的至少两家民办养老机构或者街道（镇）公办养老机构建立对口支援协作，或者像上海那样优质养老机构与薄弱养老机构结对共建，这两个城市的经验值得北京借鉴。

除了上述几个方面，在贷款贴息方面，大城市中沈阳出台了专门的文件，在省级层面，贵州、河南、黑龙江、湖北、辽宁、浙江、海南、天津、云南等省份也已经出台了专门的文件，从这些省份出台文件对于养老机构的要求来看，大多要求养老机构招收一定比例的就业困难群体。对于北京来说，目前还没有出台专门的政策文件，未来可以根据情况选择是否出台。在收支结余提取方面，大城市中沈阳出台了专门的政策文件，省级层面甘肃、贵州和辽宁3个省份也已经出台了专门的政策文件，北京未来是否要出台专门的政策文件，可以在调研的基础上决定。在其他优惠政策方面，针对养老机构人才政策，优先申请公共租赁住房、落户加分、给予政府津贴等几个方面，北京目前尚未出台政策文件，尤其是在落户加分方面，北京2017年出台的《关于加强养老服务人才队伍建设的意见》提到了实施非京籍养老服务人才积分落实优待政策，但是，并未出台专门的细则。在养老机构星级评定方面，北京已经做出了相关规定，但是，针对养老机构星级提升是否给予等级提升奖励并未给出相应的规定。

B.3
京津冀养老机构发展报告

张航空*

摘　要： 比较分析了京津冀养老机构的发展现状、养老机构工作人员状况和重点城市与区域养老机构发展状况，指出京津冀养老机构协同发展过程中可能面临的九大挑战，提出京津冀养老机构协同发展未来需要关注的七个问题，涉及数据收集与共享、养老机构发展的空间、养老机构政策发展的方向、政策制定和推行、三地政府的参与。

关键词： 养老机构　床位　入住率　协同发展

一　京津冀三地养老机构发展现状

（一）京津冀三地养老机构及其床位数量变化

截至2017年末，三地养老机构共有2103家，其中北京656家，河北1169家，天津278家。三地养老机构床位达到36.88万张，其中北京14.88万张，河北16.92万张，天津5.08万张。

具体来看，北京养老机构的数量在不断增加，从2014年的582家增加到2017年的656家。河北的养老机构在波动中下降，从2014年的1283家减少到2017年的1169家。天津的养老机构在三地中一直都是最少的，从其发展过程来看，从2014年的346家减少到2017年的278家，2015~2017年

---

* 张航空，博士，中国人民大学北京社会建设研究院、人口与发展中心副教授，研究方向为社会老年学。

天津的养老机构数量基本上没有变化（见表1）。

需要注意的是，从三地养老机构发展过程来看，北京的养老机构数量稳步增加，天津在2015~2017年虽然数量变化不大，但是，2014年与2015年相比，少了71家。相比较而言，河北的养老机构变化幅度太大，2014~2017年，数量最多的年份与最少的年份相差232家。与北京相比，天津和河北更应该关注为什么养老机构的数量会有如此大的差异，对具体的原因进行深入分析。

表1 2014~2017年京津冀三地养老机构数量变化情况

单位：家

区域	2014年	2015年	2016年	2017年
北京	582	597	607	656
河北	1283	1051	1054	1169
天津	346	275	274	278
合计	2211	1923	1935	2103

注：2014年和2017年的数据是养老机构总表，2015年和2016年的数据是养老服务机构总表。
资料来源：根据历年《中国民政统计年鉴》整理而来。

从京津冀三地养老机构的构成来看，三地均以0~99张和100~299张床位的养老机构为主，比例在八成左右。北京2017年0~99张和100~299张床位的养老机构占全部养老机构的比例分别为34.15%和43.75%，河北分别为50.47%和36.95%，天津分别为38.85%和47.48%（见表2）。

从京津冀三地不同床位数量养老机构的数量变动情况来看，北京和河北的养老机构中床位数量在300~499张和500张及以上的变动较大，天津的养老机构中床位数量在0~99张的变动最大。与2014年相比，北京2017年的养老机构数量增加了74家，其中0~99张、100~299张、300~499张和500张及以上床位的养老机构分别增加26家、12家、26家、10家，比2014年分别增加了13.13%、4.36%、52.00%和16.95%。与2014年相比，河北的养老机构数量出现了大幅度的减少，虽然河北与北京都是300~499张和500张及以上床位数量的养老机构变化较大，但是，变动的方向恰恰相反。与2014年相比，河北2017年养老机构减少了114家，其中0~99

张、100~299 张、300~499 张和 500 张及以上床位的养老机构分别减少 17 家、60 家、23 家和 14 家，比 2014 年分别减少了 2.80%、12.20%、19.33% 和 21.54%。与 2014 年相比，天津的养老机构数量减少了 68 家，其中 0~99 张、100~299 张床位的养老机构分别减少 50 家和 21 家，300~499 张和 500 张及以上床位的养老机构分别增加 1 家和 2 家。0~99 张床位的养老机构减少了 31.65%，这是一个非常值得注意的现象。对于北京和河北，北京 2014~2017 年增加了 36 家床位数量在 300 张及以上的养老机构，后续要关注的是养老机构的入住率；河北在 2014~2017 年减少了 37 家床位数量在 300 张及以上的养老机构，是统计问题还是经营问题，需要政府部门给予更多的关注。

表 2　2014~2017 年京津冀三地不同床位数量养老机构数量变化情况

单位：家

区域	年份	0~99 张	100~299 张	300~499 张	500 张及以上
北京	2014	198	275	50	59
	2015	198	272	68	59
	2016	201	273	76	57
	2017	224	287	76	69
河北	2014	607	492	119	65
	2015	495	412	95	49
	2016	513	393	93	55
	2017	590	432	96	51
天津	2014	158	153	13	22
	2015	101	137	13	24
	2016	101	136	14	23
	2017	108	132	14	24

资料来源：根据历年《中国民政统计年鉴》整理而来。

三地的养老机构床位数量以河北最多，北京次之，天津最少。2017 年河北的床位数量达到 16.92 万张，北京为 14.88 万张，天津为 5.08 万张（见表 3）。

从三地养老机构床位数量变化情况来看，北京的养老机构床位数量在增加，河北和天津出现了不同幅度的减少。北京的养老机构床位数量呈不断增加的态势，从 2014 年的 12.54 万张增加到 2017 年的 14.88 万张；河北的养老机构床位数量在 2014~2017 年呈先减少后增加的态势，从 2014 年的

19.75万张减少到2015年的16.06万张，然后增加到2017年的16.92万张；天津的养老机构床位数量在2014~2017年呈不断减少的态势，从2014年的5.32万张减少到2017年的5.08万张。

表3　2014~2017年京津冀养老机构床位数量

单位：万张

区域	2014年	2015年	2016年	2017年
北京	12.54	13.26	13.57	14.88
河北	19.75	16.06	16.22	16.92
天津	5.32	5.16	5.14	5.08

资料来源：根据历年《中国民政统计年鉴》整理而来。

（二）京津冀三地养老机构入住情况

三地养老机构入住人数呈现不同的走势，北京的养老机构入住人数整体上不断增加，河北和天津整体上有所减少。

具体来看，北京的养老机构入住人数从2014年的7.19万人增加到2017年的8.77万人。河北的养老机构入住人数从2014年的10.31万人减少到2015年的7.39万人，2016年和2017年变动幅度不大，分别为7.35万人和7.73万人。天津的养老机构入住人数从2014年的2.84万人减少到2015年的2.73万人，2016年有所增加，为2.81万人，2017年又有所减少，为2.79万人（见表4）。

表4　2014~2017年京津冀养老机构入住人数

单位：万人

区域	2014年	2015年	2016年	2017年
北京	7.19	7.55	7.73	8.77
河北	10.31	7.39	7.35	7.73
天津	2.84	2.73	2.81	2.79

资料来源：根据历年《中国民政统计年鉴》整理而来。

三地养老机构的入住率较低，不足六成。具体来看，北京的入住率在2014~2016年保持在57%左右，2017年达到最近几年的峰值，为58.94%。河北的养老机构入住率虽然一度超过50%，但是，2015年以来整体上处于下降的态势，2016年和2017年保持在45%以上。天津的养老机构入住率在2014~2015年保持在53%左右，总的来看，在缓慢地上升，2017年接近55%（见表5）。

表5 2014~2017年京津冀养老机构入住率

单位：%

区域	2014年	2015年	2016年	2017年
北京	57.34	56.94	56.96	58.94
河北	52.20	46.01	45.31	45.69
天津	53.38	52.91	54.67	54.92

资料来源：根据历年《中国民政统计年鉴》整理而来。

北京和天津养老机构入住人员以自费人员比例最高，超过九成，河北以"三无"和农村特困对象以及自费人员为主。具体来看，北京养老机构入住的自费人员比例高达99.77%，排在第二的是优抚对象，比例不足1%；天津的养老机构入住的自费人员比例高达96.42%，"三无"和农村特困对象排名第二，不过比例不高；河北的养老机构入住人员以"三无"和农村特困对象以及自费人员为主，二者的比例分别为34.29%和60.93%（见表6）。

从上面的数据可以看出三地的养老机构收住人员上的差异，这样的差异背后体现了各地相关人员本身的数量，比如"三无"和农村特困对象可能更多地与当地的经济发展状况有很大的关系。另外，收住人员的差异也与三地养老机构本身的性质有很大的关系。

表6 2017年京津冀养老机构入住人员性质

单位：人

人员性质	北京	天津	河北
优抚对象	98	277	3289
"三无"和农村特困对象	1	553	23591
自费人员	42084	22334	41926

资料来源：根据2018年《中国民政统计年鉴》整理而来。

从入住对象的年龄构成来看,老人在三地的比例一直都是最高的,在九成以上。具体来看,北京的老人比例为93.66%,其次是青壮年,比例为5.74%,最低的儿童比例不足1%;天津的情况与北京类似,也是以老人的比例最高,为97.92%;河北的情况与北京和天津类似,河北的老人比例最高,为95.57%,青壮年和儿童的比例非常接近(见表7)。

表7 2017年京津冀养老机构入住人员年龄构成

单位:人

年龄构成	北京	天津	河北
老人	39505	23528	70098
青壮年	2419	500	1893
儿童	253	1	1358

资料来源:根据2018年《中国民政统计年鉴》整理而来。

三地养老机构入住人员健康状况构成差异显著。2017年,北京三类健康状况人员构成相对接近,均在三成到四成之间;河北三类健康状况人员构成以自理的为主,其次是半自理的,最低的是不能自理的;天津三类健康状况人员构成以不能自理的比例最高,其次是自理的,最低的是半自理的。

三地养老机构入住人员自理人员的比例在下降,不能自理人员的比例天津和河北在上升,北京反而出现小幅度的下降,北京和河北半自理人员的比例在上升而天津的比例在下降。具体来看,北京自理人员的比例从2014年的48.04%下降到2017年的31.29%,半自理人员的比例从2014年的28.21%上升到2017年的33.38%,不能自理人员的比例从2014年的36.73%上升到2015年的37.17%,然后下降到2017年的35.33%。天津自理人员的比例从2014年的43.58%波动下降到2017年的36.46%,半自理人员的比例从2014年的27.81%波动下降到2017年的24.59%,不能自理人员的比例从2014年的28.61%上升到2017年的38.94%。河北的自理人员比例从2014年的72.74%下降到2017年的55.06%,半自理人员的比例从18.18%上升到2017年的22.86%,不能自理人员的比例从9.08%上升到2017年的22.08%(见表8至表10)。

从三地2014~2017年不同健康状况入住人员的构成来看,需要注意的是,三地不能自理人员的比例都还比较低,最高的也不到四成,河北的比例更是低至不足1/4。另外一个需要注意的问题是,2014~2017年三类人员的构成在部分年份发生了较大的变化,比如天津2015年和2016年的构成就发生了非常大的变化。

表8　2014~2017年北京养老机构入住人员健康状况

单位:%

健康状况	2014年	2015年	2016年	2017年
自理	48.04	45.45	32.89	31.29
半自理	28.21	30.11	30.14	33.38
不能自理	36.73	37.17	36.97	35.33

资料来源:根据历年《中国民政统计年鉴》整理而来。

表9　2014~2017年河北养老机构入住人员健康状况

单位:%

健康状况	2014年	2015年	2016年	2017年
自理	72.74	64.78	64.02	55.06
半自理	18.18	21.27	20.36	22.86
不能自理	9.08	13.95	15.61	22.08

资料来源:根据历年《中国民政统计年鉴》整理而来。

表10　2014~2017年天津养老机构入住人员健康状况

单位:%

健康状况	2014年	2015年	2016年	2017年
自理	43.58	47.53	29.60	36.46
半自理	27.81	17.83	30.87	24.59
不能自理	28.61	34.64	39.53	38.94

资料来源:根据历年《中国民政统计年鉴》整理而来。

二　京津冀三地养老机构工作人员状况

三地养老机构工作人员数量存在显著差异。具体来看,2017年北京的养老机构工作人员数量达到1.78万人,河北为2.19万人,天津只有0.64万人(见表11)。

从三地养老机构工作人员数量的变化来看，存在显著的差异。北京的养老机构工作人员从2014年的1.34万人增加到2017年的1.78万人；河北的养老机构工作人员从2014年的1.89万人增加到2017年的2.19万人，2015年一度出现减少；天津的养老机构工作人员数量虽然在2014～2017年有所增加，但是，增加的幅度有限，从2014年的0.62万人增加到2017年的0.64万人。

表11　2014～2017年京津冀养老机构职工人数

单位：人

区域	2014年	2015年	2016年	2017年
北京	13373	14180	14446	17776
河北	18885	17368	18788	21899
天津	6156	6360	6594	6384

资料来源：根据历年《中国民政统计年鉴》整理而来。

三地养老机构女性职工的比例均超过一半，天津最高，北京次之，河北最低。2017年北京养老机构女性职工的比例达到65.18%，河北为61.64%，天津最高，达到70.27%。

从三地养老机构女性职工比例的变化来看，北京一直保持在60%以上，最低的是2015年的63.20%，最高的是2017年的65.18%；河北一直保持在50%以上，最低的是2014年的55.75%，最高的是2017年的61.64%；天津在70%左右浮动，最低的是2016年的68.26%，最高的是2014年的70.42%（见表12）。

表12　2014～2017年京津冀养老机构女性职工比例

单位：%

区域	2014年	2015年	2016年	2017年
北京	63.82	63.20	63.62	65.18
河北	55.75	58.53	57.43	61.64
天津	70.42	70.22	68.26	70.27

资料来源：根据历年《中国民政统计年鉴》整理而来。

京津冀养老机构大专及以上受教育程度的职工比例存在显著差异，京津较高，河北相对较低。2017年北京和天津养老机构中受教育程度为大专及以上的比例均在30%左右，河北只有25.58%，分别比北京和天津低了3.58个和8.32个百分点（见表13）。

三地养老机构中，天津和河北大专及以上受教育程度的职工比例总体上在不断上升，北京相对稳定。具体来看，北京的养老机构中受教育程度为大专及以上的职工比例稳定在三成左右；河北的养老机构中受教育程度为大专及以上的职工比例从2014年的23.41%上升到2017年的25.58%；天津的养老机构中受教育程度为大专及以上的职工比例从2014年的29.48%上升到2017年的33.90%。三地之中，北京的养老机构中受教育程度为大专及以上的职工比例比较稳定，河北虽然一直是稳步上升的，但是，上升的幅度较小，天津的上升幅度相对较大。

表13 2014~2017年京津冀养老机构大专及以上受教育程度职工比例

单位：%

区域	2014年	2015年	2016年	2017年
北京	29.86	30.92	30.49	29.16
河北	23.41	24.45	25.44	25.58
天津	29.48	30.52	31.82	33.90

资料来源：根据历年《中国民政统计年鉴》整理而来。

2017年管理人员与专业技术技能人员的构成，北京和河北为1:3，天津基本在3:7。从京津冀三地养老机构中职工的构成来看，北京的管理人员的比例在2014年、2015年和2016年基本在三成，而到了2017年大幅度下降到不足1/4，相应的，专业技术技能人员的比例从之前的2/3左右上升到3/4左右。河北的管理人员和专业技术技能人员的比例在2014年和2015年基本稳定在3:7，2016年和2017年稳定在1:3。天津的管理人员和专业技术技能人员的比例在2014年为4:6，2015年为3:7，2016年为1:3，2017年则进一步上升到3:7。总的来看，北京养老机构职工构成中管理人员的比例在2017年大幅度下降,河北从2014年的29.88%逐渐下降到2017年的23.95%,天津在2014~2017年变动幅度较大,管理人员的比例在2014年超过四成,但是,2016年又下降到1/4左右(见表14)。

表14　2014~2017年京津冀养老机构职工构成

单位：%

区域	人员性质	2014年	2015年	2016年	2017年
北京	管理人员	32.56	32.01	31.88	23.62
	专业技术技能人员	67.44	67.99	68.12	76.38
河北	管理人员	29.88	27.30	24.54	23.95
	专业技术技能人员	70.12	72.70	75.46	76.05
天津	管理人员	40.82	30.90	24.61	32.38
	专业技术技能人员	59.18	69.10	75.39	67.62

资料来源：根据历年《中国民政统计年鉴》整理而来。

京津冀养老机构职工以36~55岁为主,比例在六成到七成。2017年北京养老机构职工46~55岁的比例最高,达到37.56%,其次是36~45岁的29.66%,这两个年龄组职工的比例达到67.22%;河北养老机构职工依然是36~45岁的比例最高,超过三成,其次是46~55岁的比例,接近三成,这两个年龄组职工的比例达到64.92%;天津养老机构职工比例最高的也是36~45岁,比例为32.11%,其次是46~55岁的32.10%,二者比例之和高达64.21%(见表15)。

三地的养老机构职工有老化的趋势。2014~2017年北京的养老机构35岁及以下职工的比例没有发生太大的变化,但是36~45岁职工的比例从2014年的35.83%下降到2017年的29.66%,而46~55岁职工的比例整体上在上升,从2014年的32.36%上升到2017年的37.56%,56岁及以上的比例相对稳定,保持在9%左右;天津养老机构的职工年龄构成在2014~2017年发生了变化,但是,2014年和2017年两个时间点没有发生太大的变化,唯一有所变化的是56岁及以上的职工比例有所升高,从2014年的6.22%上升到2017年的11.67%;河北的养老机构职工中35岁及以下的比例从2014年的34.90%下降到2017年的

27.40%，36~45岁的比例从38.49%下降到35.48%，46~55岁的比例从22.25%上升到29.44%，56岁及以上的比例从4.37%上升到7.68%。

表15　2014~2017年京津冀养老机构职工年龄构成

单位：%

区域	年龄	2014年	2015年	2016年	2017年
北京	35岁及以下	22.55	23.89	23.93	23.64
	36~45岁	35.83	35.32	34.68	29.66
	46~55岁	32.36	31.83	32.69	37.56
	56岁及以上	9.25	8.96	8.69	9.14
河北	35岁及以下	34.90	33.77	32.65	27.40
	36~45岁	38.49	38.63	38.64	35.48
	46~55岁	22.25	22.79	23.70	29.44
	56岁及以上	4.37	4.80	5.01	7.68
天津	35岁及以下	21.41	22.75	22.22	24.12
	36~45岁	36.48	36.01	34.39	32.11
	46~55岁	35.88	34.31	33.45	32.10
	56岁及以上	6.22	6.93	9.93	11.67

资料来源：根据历年《中国民政统计年鉴》整理而来。

三　京津冀三地重点城市与区域养老机构发展状况

（一）河北省重点城市养老机构发展状况

考虑到河北省部分城市具有的生态环境优势、地理区位优势和成本优势，这部分只分析张家口、承德、秦皇岛、保定和廊坊5个地级市。

2015年，河北5个城市养老机构数量差异显著。具体来看，张家口的养老机构数量最多，为119家，其次是保定的110家，另外3个城市的养老机构数量均不足100家。

2010年以来河北省5个城市的养老机构数量减少了百余家。2010年张家口等5个城市的养老机构数量为492家，其后减少，2012年只有417家，但是2013年猛增到490家，其后又不断减少，2015年减少到391家，5年间减少了101家（见表16）。

从河北5个城市养老机构数量的变化情况来看，张家口、承德、保定和廊坊的养老机构数量总体上在减少，只有秦皇岛在增加。2010年以来，张家口的养老机构从153家减少到119家，减少了34家；承德的养老机构从95家减少到66家，减少了29家；保定的养老机构从148家减少到110家，减少了38家；廊坊的养老机构从62家减少到45家，减少了17家；秦皇岛的养老机构从34家增加到51家，增加了17家。

需要注意的是，河北省5个城市的养老机构数量在2010~2015年均出现了幅度不等的增加和减少，对于养老机构大幅度的减少尤其需要注意，养老机构的减少意味着一些机构无法继续经营下去。未来需要继续对这部分机构进行深入分析，为后来的养老机构提供可资借鉴的经验。

表16　2010~2015年河北部分城市养老机构数量变化情况

单位：家

城市	2010年	2011年	2012年	2013年	2014年	2015年
张家口	153	135	113	127	137	119
承德	95	100	101	110	93	66
秦皇岛	34	23	31	51	50	51
保定	148	90	100	128	121	110
廊坊	62	62	72	74	65	45

资料来源：根据历年《中国民政统计年鉴》整理而来。

5个城市的养老机构均是以拥有0~99张和100~299张床位的机构为主。2015年张家口的养老机构床位数量在300张及以上的只有12家，承德有10家，秦皇岛有9家，保定有22家，廊坊有2家（见表17）。

从2014年和2015年的变化来看，张家口100~299张床位的机构出现了较大幅度的减少，承德0~99张床位和300~499张床位的机构出现了大幅度的减少，秦皇岛300~499张床位的机构出现了大幅度的减少，保定和廊坊0~99张床位的机构出现了大幅度的减少。

表17 2014~2015年河北部分城市不同床位数量养老机构数量变化情况

单位：家

城市	年份	0~99张	100~299张	300~499张	500张及以上
张家口	2014	70	54	10	3
	2015	65	42	9	3
承德	2014	44	33	12	4
	2015	25	31	8	2
秦皇岛	2014	22	16	9	3
	2015	29	13	5	4
保定	2014	53	45	15	8
	2015	39	49	12	10
廊坊	2014	27	37	0	1
	2015	19	24	1	1

资料来源：根据历年《中国民政统计年鉴》整理而来。

2010~2015年，5个城市养老机构床位数量发生了较大的变化，养老机构床位数量从5.55万张增加到6.21万张。其中，张家口的养老机构床位数量虽然在2010年和2015年两个年份没有太大的变化，但是，2014年的17911张还是比2010年的15378张多了2533张；承德2010~2015年养老机构床位数量减少了5292张，如果与2013年相比，减少了8082张；秦皇岛的养老机构床位数量总体上呈增加态势，从2010年的4615张增加到2015年的8101张；保定的养老机构床位数量在2010~2015年几乎增加了一倍，转折点是2013年，比2012年增加了5489张；廊坊的养老机构床位数量在2010年和2015年两个时点变化不大，减少了761张，与2013年相比，2015年减少了3364张（见表18）。

表18 2010~2015年河北部分城市养老机构床位数量

单位：张

城市	2010年	2011年	2012年	2013年	2014年	2015年
张家口	15378	15201	15249	17406	17911	15414
承德	15887	17700	18567	18677	14525	10595
秦皇岛	4615	4799	4579	6522	7781	8101
保定	11205	12502	15629	21118	20769	20342
廊坊	8387	8512	8629	10990	10137	7626

资料来源：根据历年《中国民政统计年鉴》整理而来。

2010年以来5个城市的入住人数出现大幅度的减少，从2010年的4.34万人减少到2015年的2.87万人。5个城市中张家口、承德和廊坊入住养老机构的人数在2010～2015年有所减少，秦皇岛和保定的人数有所增加。具体来看，张家口在2010～2015年减少了6001人；承德养老机构入住人数在2010～2015年出现了非常大的变动，2013年入住人数一度达到了15569人，但是，到了2015年只有5505人，只有2013年的35.36%；秦皇岛的养老机构入住人数在过去的几年中也发生了较大的变化，2010年只有2535人，但是，2013年达到了4558人，2015年虽然有所减少，但也达到了3136人；保定的养老机构入住人数总体上呈增加态势，从2010年的6659人增加到2015年的8882人，需要注意的是，在此期间人数最多的年份是2013年；廊坊的养老机构入住人数总体上呈减少态势，从2010年的6139人减少到2015年的3601人（见表19）。

需要注意的是，5个城市养老机构的入住人数均发生了较大的变动，尤其是张家口、承德和廊坊3个城市，未来需要对入住养老机构人数变动的原因进行深入分析。

表19　2010～2015年河北部分城市养老机构入住人数

单位：人

城市	2010年	2011年	2012年	2013年	2014年	2015年
张家口	13564	13016	12587	12345	12241	7563
承　德	14470	15418	15437	15569	9459	5505
秦皇岛	2535	2502	3607	4558	3974	3136
保　定	6659	7633	8939	9211	8647	8882
廊　坊	6139	6156	6390	6732	5838	3601

资料来源：根据历年《中国民政统计年鉴》整理而来。

5个城市养老机构入住率总体上均呈下降态势。具体来看，张家口和承德2010～2012年入住率在八成以上，但是，在2015年时入住率下降到五成左右；秦皇岛的养老机构入住率在2010年刚刚超过五成，在2012～2013年上升到七成左右，但是，2015年剧降到38.71%；保定的养老机构入住率在

2010~2012年一度在六成左右，2013年剧降到四成，随后保持在四成左右；廊坊的养老机构入住率在2010~2012年保持在七成以上，2013年~2014年下降到六成左右，2015年下降至五成左右（见表20）。

表20 2010~2015年河北部分城市养老机构入住率

单位：%

城市	2010年	2011年	2012年	2013年	2014年	2015年
张家口	88.20	85.63	82.54	70.92	68.34	49.07
承　德	91.08	87.11	83.14	83.36	65.12	51.96
秦皇岛	54.93	52.14	78.77	69.89	51.07	38.71
保　定	59.43	61.05	57.19	43.62	41.63	43.66
廊　坊	73.20	72.32	74.05	61.26	57.59	47.22

资料来源：根据历年《中国民政统计年鉴》整理而来。

（二）京津冀接壤地区养老机构发展状况

从地图上看，河北与北京接壤的地区包括北京的通州、大兴、房山、门头沟、昌平、延庆、怀柔、密云、平谷，河北的三河、大厂、香河、广阳、安次、固安、涿州、涞水、怀来、赤城、丰宁、滦平、兴隆；北京与天津接壤的是通州、平谷与武清；天津与河北接壤的是黄骅、青县、大城、文安、霸州、安次、香河、三河、遵化、玉田、丰南、滨海、静海、西青、武清、宝坻、蓟县、宁河。三地接壤区县涉及北京的9个区、天津的7个区县、河北的21个区县。

从与天津和河北接壤的北京各区的养老机构情况来看，2015年9个区养老机构数量达到了287家，占全市养老机构的48.07%。但是，养老机构分布并不均衡，东部的通州、西部的门头沟、北部的怀柔养老机构数量相对较少，北部的昌平和西南的房山养老机构数量相对较多。

从北京与天津和河北接壤地区的养老机构床位数量来看，2015年一共有52895张，其中，平谷、怀柔、密云、门头沟数量相对较少，床位数量不足5000张；而昌平、大兴和房山等区的床位数量相对较多，床位数量在6000张以上；通州、延庆的床位数量在5000～6000张。

从入住人数和入住率来看，与河北和天津接壤的9个区的入住率都比较低，最低的是怀柔的16.99%，最高的是密云的48.97%。具体来看，延庆和怀柔不足20%，平谷和门头沟在20%～30%，通州、房山和昌平在30%～40%，大兴和密云在40%～50%。总的来看，与天津和河北接壤的9个区的养老机构入住率只有34.34%，意味着高达35651张床位空置（见表21）。

表21 2015年与津冀接壤的北京各区养老机构情况

	通州	大兴	房山	门头沟	昌平	延庆	怀柔	密云	平谷
机构数量（家）	20	32	45	13	57	36	23	30	31
床位数量（张）	5004	6020	6742	1966	14441	5880	3238	4605	4999
入住人数（人）	1740	2603	2510	577	5556	1021	550	2255	1352
入住率（%）	34.77	43.24	37.23	29.35	38.47	17.36	16.99	48.97	27.05

资料来源：根据历年《中国民政统计年鉴》整理而来。

从天津与北京和河北接壤各区县养老机构数量来看，2015年7个区县的养老机构数量为84家，占全天津养老机构数量的30.55%。从各区县养老机构的分布来看，西南部的静海、北部的宝坻和东部的宁河养老机构数量相对较少，而东南的滨海、西北部的武清、西部的西青和北部的蓟县养老机构数量相对较多。

与北京和河北接壤的地区养老机构床位数量一共有15887张。其中，宁河的数量不足500张，西青、宝坻和蓟县的数量在1000～2000张，滨海在2000～3000张，静海在3000～4000张，武清在4000张以上。

与北京不同的是，天津与河北和北京接壤地区的养老机构入住率相对较高，滨海高达71.01%，西青也在六成以上，宁河、蓟县在四成以上，只有武清、宝坻和静海在四成以下，其中静海的更是只有4.42%（见表22）。

表22　2015年与京冀接壤的天津各区县养老机构情况

	滨海	静海	西青	武清	宝坻	蓟县	宁河
机构数量（家）	18	5	21	17	5	14	4
床位数量（张）	2763	3102	1958	4263	1460	1925	416
入住人数（人）	1962	137	1206	1609	341	844	167
入住率（%）	71.01	4.42	61.59	37.74	23.36	43.84	40.14

资料来源：根据历年《中国民政统计年鉴》整理而来。

河北与北京和天津接壤的20个区县一共有112家养老机构，占全省养老机构的10.66%（安次区无养老机构）。20个区县中，养老机构数量以怀来最多，有16家，6家及以上的有8个区县，最少的是大厂的2家。

2015年，与北京和天津接壤区县的养老机构床位数量合计有16711张。具体来看，床位数量在3000张以上的只有三河，床位数量在1000～2000张的有涿州、怀来、丰宁、滦平，床位数量在500～1000张的有涞水、遵化、赤城、黄骅、大城、文安和玉田，其余的区县床位数量在500张以下。

从20个与北京和天津接壤区县的养老机构入住率来看，入住率在20.09%～82.81%。其中，6个区县的入住率在50%以上，青县、大城、文安和玉田在七成以上；三河、香河、怀来、赤城、丰宁、黄骅6个区县的入住率在40%～50%；大厂、固安、丰南、滦平4个区县的入住率在30%～40%；广阳、涞水、兴隆和霸州的入住率在20%～30%（见表23）。

表23　2015年与京津接壤的河北各区县养老机构情况

	三河	大厂	香河	广阳	固安	涿州	涞水	怀来	遵化	丰南
机构数量（家）	7	2	3	3	3	9	5	16	9	4
床位数量（张）	3217	225	262	268	240	1652	642	1424	700	279
入住人数（人）	1377	68	129	76	84	871	129	672	392	101
入住率（%）	42.80	30.22	49.24	28.36	35.00	52.72	20.09	47.19	56.00	36.20

续表

	赤城	丰宁	滦平	兴隆	黄骅	青县	大城	文安	霸州	玉田
机构数量（家）	4	6	10	3	4	4	7	6	3	4
床位数量（张）	731	1161	1998	331	834	437	890	775	95	550
入住人数（人）	299	572	791	76	393	331	737	550	21	402
入住率（%）	40.90	49.27	39.59	22.96	47.12	75.74	82.81	70.97	22.11	73.09

注：安次区没有养老机构，没有出现在表格中。
资料来源：根据历年《中国民政统计年鉴》整理而来。

四 京津冀养老机构协同发展面临的挑战

（一）已建养老机构大量空置与未来养老机构建设之间的矛盾

截至2017年，《中国民政统计年鉴2018》资料显示，2017年河北的床位数量达到16.92万张，北京为14.88万张，天津为5.08万张。虽然不管是按照"9064"还是按照"9073"养老模式三地的养老机构床位数量可能存在一定的不足，但是，如果看到三地养老机构的入住率，就会发现三地的养老机构床位数量不是不足而是太多。2017年，三地养老机构的入住率较低，不足六成。其中，北京为58.94%，河北为45.69%，天津为54.92%。也就是说，三地依然有大量空床位，而继续打造重点特色区域势必要建设相当数量的养老机构，这两者之间的矛盾如何处理需要企业和政府共同关注。

（二）已建养老机构分布与未来养老机构建设之间的矛盾

根据《京津冀养老工作协同发展合作协议（2016年—2020年）》，未来要在石家庄、张家口、承德、唐山、秦皇岛等城市建设特色养老服务片区。2015年底，石家庄养老机构床位数为27540张，张家口有15414张，承德有10595张，唐山有17596张，秦皇岛有8101张。从入住率来看，石家庄为42.47%，张家口为49.07%，承德为51.96%，唐山为58.93%，秦皇岛为38.71%。上述几个城市的养老机构床位数量有较大的差距,像秦皇岛这样的城市养老机构床位数量不足万张,但是,从入住率来看,上述几个城市的入住率并不高,秦皇岛甚至不足四成。当然,《中国民政统计年鉴2016》统计的是年底的数据,如果是夏季,入住率可能会有一定程度的提高。从床位数量和入住率来看,河北的重点城市的床位分布并不均匀。

除了关注重点城市,还需要注意京津冀三地接壤地区养老机构的分布状况。三地接壤区县涉及北京的9个区、天津的7个区县、河北的21个区县。在这37个区县中,2015年底有483家机构,85493张床位,入住了32501人,入住率只有38.02%,不及三地的平均水平。具体来看,北京的9个区有52895张床位,入住率只有34.34%;天津的7个区县有15887张床位,入住率为39.44%;河北的21个区县有16711张床位,入住率为48.30%。

从上面的数据可以看到,不管是重点城市还是京津冀三地接壤地区养老机构都存在大量的空床位。养老机构协同规划需要关注养老机构及其床位的分布,尤其是存在大量空床位的机构到底分布在哪些区域。对于环京的区县来说,不宜盲目建设大量的养老机构,在建设之前一定要合理评估,北京五环以外分布着大量的养老机构,且入住率并不高。如果再在环京的区县建设养老机构,极有可能会遇冷,试想如果北京五环以外的养老机构都存在大量的空床位,老年人如果选择入住环京的河北和天津的养老机构,这些养老机构的优势在哪里?

(三)养老护理人才基地建设和年轻人不愿从事养老护理工作之间的矛盾

《京津冀养老工作协同发展合作协议(2016年—2020年)》提出要在河北建立统一的养老护理和服务人才供应基地,探索符合市场供需的人才输出和引入机制。从目前三地养老机构的从业人员的情况来看,呈现女性、受教育程度低、高龄为主的特征。具体来看,养老机构女性职工的比例均超过一半,2015年北京为63.20%,河北为58.53%,天津最高,达到了70.22%;养老机构中以大专以下学历的职工为主,2015年北京养老机构中受教育程度为大专及以上的比例为30.92%,天津为30.52%,河北只有24.45%;2015年养老机构工作人员中46岁及以上员工的比例,北京为40.79%,天津为41.24%,河北为27.59%。另外,养老护理人才的收入也属于比较低的,所以,这个行业护理人才的流失率也是比较高的。2016年笔者在河北的一所卫生学校的实地调研中也得知很多年轻人并不愿意选择养老护理专业。所以,对于养老护理和服务人才供应基地建设,未来只能选择受教育程度低、年龄在40岁以上的女性。更加困难的是,由于养老护理员的工资较低,容易陷入低工资、低技能和高流失率的怪圈,这一行业若想在短期内改变比较困难。

(四)养老机构投资者与老年人及其家属之间信息不对称的矛盾

《京津冀养老工作协同发展合作协议(2016年—2020年)》提出要在2016年年内完成统一编制三地养老机构名录和分布图册工作。三地养老机构名录和分布图册工作对于老年人及其家属非常重要,很多老年人想入住相关的养老机构,但是,苦于不知道养老机构的相关信息,比如价格、服务质量、地理位置、口碑等,没有这些信息会影响老年人及其家属在选择养老机构时的决策。另外,对于养老机构的投资者来说,老年人的相关信息他们也不知道,尤其是对于即将在重点区域和环京区县建设养老机构的投资人。另外,养老机构的投资者可能也并没有那么清楚老年人在选择养老机构时的关注点,不同特征的老年人更加关注哪些因素。如果养老机构的投资者和管理人员与老年人及其家属对对方的相关信息不是那么了解,很容易出现老年人对养老机构不太满意,频繁地在不同的养老机构之间流动的现象;养老机构的投资者和管理人员貌似看到了商机,但是,又面临养老机构存在大量空床位的尴尬局面。

(五)行政决策一厢情愿与老年人异地养老意愿不强之间的矛盾

不管是《京津冀养老工作协同发展合作协议(2016年—2020年)》,还是其相关的配套政策,其潜在的前提是有相当数量的老年人到河北和天津养老，只有满足这一前提，《京津冀养老工作协同发展合作协议（2016年—2020年）》及其配套政策才能真正发挥作用。但是，从相关的调查来看，老年人异地养老的意愿并不强烈。2006年北京市城乡老年人口状况追踪调查数据显示，只有12.3%的老年人愿意到外地住,[①] 而2006年的中国城乡老年人口状况追踪调查数据显示，愿意异地养老的老年人比例为32.8%。[②] 对京津冀三地老年人的调查数据显示，只有18.7%的老年人愿意异地养老。[③] 虽然调查的群体和时间有差异，但是可以看到，不管是北京还是京津冀三地，愿意异地养老的老年人比例不足两成，考虑到从意愿到行为还会出现一些阻碍因素，真正能够实现异地养老的老年人比例并不高。退一步说，即使老年人愿意异地养老，也未必会选择在京津冀三地，也有可能去其他地方。所以，京津冀养老机构协同发展到底能够惠及多少老年人在目前这个阶段不能过于乐观。当然，养老机构协同发展及其配套政策确实在一定程度上方便了一些已经和即将在异地养老的老年人。

（六）行政决策一厢情愿与老年人季节性迁移规律之间的矛盾

《京津冀养老工作协同发展合作协议（2016年—2020年）》要把河北的部分城市打造成特色养老服务片区，这些城市包括石家庄、张家口、承德、唐山、秦皇岛等。需要注意的是，候鸟式养老服务区和以旅游为主的养老服务区都面临着淡季和旺季的巨大差异。不管是国内还是国外的候鸟老人，他们都会选择在适合自己的季节迁移，对于迁移的目的地养老机构意味着一年中有一半甚至更多的时间大量空置，相关的产业也会受到严重的影响。异地养老的老年人在同一时间内多是单方向移动，夏天到北方，冬天去南方，出现所谓的潮汐现象，致使海南等异地养老集中地的夏季人烟稀少，犹如

---

① 丁志宏、姜向群：《北京城市老人异地养老意愿的实证分析》，《人口与发展》2011年第6期，第65~69、22页。
② 丁志宏：《我国老人异地养老意愿的实证研究》，《兰州学刊》2012年第6期，第129~133页。
③ 吕丹娜、李延宇、丁玉乐等：《老年人异地养老的意愿调查及其影响因素研究——基于京津冀地区的研究》，《现代经济信息》2013年第5期，第310~313页。

"鬼城",一到冬季人员暴增,热闹非凡;出现夏季养老资源严重闲置,甚至浪费,而冬季养老资源严重不足的局面,即异地养老资源很难得到充分合理的利用。① 对于河北的相关城市来说,夏天会吸引一部分老年人来养老,其他时间会有一些老年人返迁或者迁移到其他城市。

(七)已有养老机构政策差异与未来养老机构政策统一之间的矛盾

在推动京津冀协同发展的过程中,关键是政策一体化,当前京津冀协同发展工作中,重视和研究政策不够、统筹和执行政策不到位的情况比较普遍,② 重点突破推进区域社会政策的一体化。③ 根据《京津冀养老工作协同发展合作协议(2016年—2020年)》,统一三地的政策项目目录、统一政策实施内容、逐步统一支持标准,即三统一。但是,从三地现有的政策来看,三统一非常困难。

从已经出台的涉及养老机构的政策数量来看,三地之间存在比较明显的差异。从可以查询到的三地关于养老机构的政策文件来看,自 2000 年以来北京共有 59 项政策文件,天津自 2007 年以来有 36 项政策文件,河北自 2007 年以来有 37 项政策文件。这就意味着有些政策是三地都出台的,而有些政策是各地特有的,要实现统一目录有一定的难度。

从三地出台的涉及养老机构的政策内容来看,既异中有同,又同中有异。从三地的实际情况来看,有一些政策是三地都有的,比如养老机构的管理办法、养老机构设立许可办法、养老机构星级评定、养老机构补贴标准等。同时,三地也有各自有特色的政策,比如北京的《关于支持养老照料中心和养老机构完善社区居家养老服务功能的通知》《特殊家庭老年人通过代理服务入住养老机构实施办法》,天津的《关于支持我市养老服务业发展促进下岗失业人员再就业有关问题的通知》《关于开展养老机构社区延伸服

---

① 陈友华:《异地养老:问题与前景》,《江苏社会科学》2016 年第 2 期,第 127~132 页。
② 刘锦棠:《政策协同是当前京津冀协同发展的关键》,中国社会科学研究论丛,2015。
③ 祝尔娟:《推进京津冀区域协同发展的思路与重点》,《经济与管理》2014 年第 3 期,第 10~12 页。

务（虚拟养老院）试点工作的意见》。另外，即使是三地均有的政策，在一些规定上也存在显著的差异。所以，统一政策实施内容依然面临很多的困难，难在具体的政策规定上。

在支持标准方面，三地由于经济实力的差距，在标准方面有着较大的差距。以养老机构的建设补贴和运营补贴为例，对于社会力量投资的普通功能的养老机构，京津冀三地建设补贴的标准分别为40000元、15000元和4000元；根据入住老人健康状况的不同，北京的运营补贴分别为3600元/（年·人）和6000元/（年·人），天津为1050元/（年·人）和2250元/（年·人），河北为至少1200元/（年·人）。运营补贴尚在可以统一的范围之内，但是建设补贴统一会非常困难。

（八）京津冀之间的"小"政策与国家层面的"大"政策之间的矛盾

《京津冀养老工作协同发展合作协议（2016年—2020年）》提出要在医保政策方面实现对接，北京在2015年出台了《关于北京市参保人员在河北省就医有关问题的通知》，在这个通知中，北京认同河北人保部门认定的医保定点医疗机构，参加北京城镇职工医疗保险和城镇居民医疗保险的参保人员在靠近河北的地区居住的，可以在河北的医疗机构就近就医，享受的是北京的医保政策。2017年1月5日，异地就医结算首先在河北燕达金色年华养护中心开始试点，后面根据试点的情况把异地就医结算放开到更大的范围。

与此同时，2016年人力资源社会保障部发布了《关于做好基本医疗保险跨省异地就医住院医疗费用直接结算工作的通知》，根据通知，2016年底，基本实现全国联网，启动跨省异地安置退休人员住院医疗费用直接结算工作；2017年开始逐步解决跨省异地安置退休人员住院医疗费用直接结算，年底扩大到符合转诊规定人员的异地就医住院医疗费用直接结算。结合本地户籍和居住证制度改革，逐步将异地长期居住人员和常驻异地工作人员纳入异地就医住院医疗费用直接结算覆盖范围。

人力资源社会保障部的文件是根据轻重缓急陆续实现不同群体异地结算，北京市人力资源和社会保障局出台的政策虽然针对的是北京参保人员中在河北就医的人员，但考虑到北京的医疗资源如此丰富，真正去河北就医的人员更可能是在河北养老的北京退休老人。而且，北京的政策先期只是针对河北邻近北京的 4 个地级市的 335 家医疗机构。从现有的政策来看，北京的政策与国家的政策目的和路径并不一致。从具体的规定来看，也存在冲突的地方。比如《关于北京市参保人员在河北省就医有关问题的通知》规定参保人员就医时享受的是北京的医保政策，而《关于做好基本医疗保险跨省异地就医住院医疗费用直接结算工作的通知》规定跨省异地就医原则上执行就医地支付范围及有关规定。

（九）京津冀协同发展中北京的主导与津冀的从属之间的矛盾

京津冀协同发展过程中需要的是三方的共同参与，三地在合作中应该处于同等的地位。当前京津冀养老机构协同发展呈现零散的非系统合作、浅层的临时性合作、不平等的非多中心合作的态势，短期内取得了一定的成果。从《京津冀养老工作协同发展合作协议（2016 年—2020 年）》的内容来看，更多的是北京主导，津冀处于从属地位，这一点在协议的内容中体现得尤为明显。协议中明确提出"先试先行，推动北京政策外延"，京津籍老人入住河北养老机构可同等享受河北补贴政策，那天津和河北的老人入住北京的养老机构以及北京的老人入住天津的养老机构是否享受养老机构所在地的补贴政策呢？在打造重点特色区域方面，全部是河北的地级市。在创新工作方面，相关规定更多的是涉及北京和河北，天津几乎没有得到体现。而在加强培训方面，多项规定涉及河北。从合作协议的规定来看，三地在协同发展中的地位不完全是平等的，而且，参与程度方面是以北京和河北为主，天津的"存在感"不强。

五 结论与展望

本报告利用历年《中国民政统计年鉴》数据分析了京津冀养老机构的现状、

机构人员的状况、重点城市与三地接壤地区养老机构的现状,有以下几点发现。

第一,北京的养老机构数量和床位数量整体上是增加的,天津的养老机构数量变化不大,但是床位数量总体上在减少,河北的养老机构数量在下降而床位数量先减少后增加。需要关注的是,河北和天津的养老机构数量和床位数量在这几年中出现了较大的波动,说明有些养老机构无法持续经营。

第二,北京的养老机构入住人数整体上在增加,河北和天津的人数在减少;从入住率来看,北京和天津的入住率有所上升,而河北的入住率在下降。需要注意的是,北京和天津的养老机构入住率不足六成,河北的养老机构入住率不足五成;北京和天津的养老机构入住的半自理和不能自理的人员比例在六成左右,河北在四成左右。

第三,三地养老机构职工人数不断增加,女性员工的比例在六成上下,随着时间的推移,职工的受教育水平不断提高,但是,出现女性化趋势和老龄化趋势。

第四,自2010年以来,张家口、承德、廊坊、秦皇岛和保定5个城市的养老机构数量减少了百余家,虽然床位数量有所增加,但是,入住人数出现了大幅度的减少,入住率不断下降,2015年平均不足五成。

第五,2015年京津冀三地接壤地区养老机构数量高达8.55万张,接壤地区养老机构入住率不足四成。具体来看,北京9个区的养老机构床位数量为5.29万张,天津为1.59万张,河北为1.67万张。从三地接壤各区县的入住率来看,北京9个区的入住率为34.34%,天津为39.44%,河北为48.30%。

综合分析三地养老机构的现状、养老机构的人员现状以及重点地区和接壤地区的养老机构的相关情况后,有以下几点需要注意。

第一,养老机构的协同发展最基本的是数据收集与共享。北京和天津的养老机构相关信息(机构简介、基本信息、服务项目、收费标准、服务设施、入住须知、公共交通和联系电话)已经在网站上公布。未来需要在以下几个方面进一步改进:(1)将河北的养老机构相关信息尽快放到网站上,京津冀养老机构协同发展更多的是京津的老年人入住河北的养老机构,尤其是重点区域;(2)养老机构的信息不断完善,在目前的基础上添加更多的信息,如养老机构的入住率;(3)定期更新养老机构的基础数据,期限以半年或者一年为宜;(4)加大宣传力度,要让老年人及其亲属知道去哪里查看京津冀三地养老机构的相关信息;(5)已经入住三地养老机构的老年人或者其亲属在相关的网站上对三地的养老机构进行"大众点评",让公众尤其是老年人及其亲属知晓口碑好的养老机构。

第二,养老机构发展的空间在于错位发展。不管是重点城市还是京津冀三地接壤的各个区县,养老机构的数量均不在少数,而且,养老机构的入住率并不高。所以,不管是已有的养老机构还是未来新建的养老机构,如果想在京津冀养老机构协同发展的过程中有发展空间,重点在于错位发展。也就是说,在共生单元共生密度足够大的情况下,需要在共生单元的质量方面下功夫,只有错位发展才能持续经营。

第三,养老机构政策发展的方向是政策统一与政策衔接。目前,三地关于养老机构的政策在数量上和内容上存在差异。对于养老机构政策存在内容差异的,在可能的情况下尽量去统一,对于无法统一的政策,只能采取衔接的方式。当然,依然存在两种情况需要注意:首先,有些政策如养老机构的建设补贴标准既不能统一也不能衔接,只能保持现状;其次,三地由于各自的实际情况,有些政策是独有的,对于这些独有的政策没有必要统一也没有必要衔接,也是尽量保持现状。

第四,政策制定以后需要尽快落实。从近年来三地出台的政策来看,政策呈密集出台的趋势。为了发展养老事业出台相关政策的初衷是好的,但是,政策出台以后能否落实,落实的效果如何,需要政府部门通过第三方进行评估。在京津冀三地民政事业协同发展的过程中,避免出现"签署协议多,推进落实少"的困局。所以,在合作协议出台以后,需要尽快围绕合作协议出台配套政策并尽快落实和推广试点项目。同时,对于试点项目的推行还要注意其可复制性,对于没有可复制性的项目,一旦大范围推行,失败在所难免。

第五，政策制定和推行要尊重客观规律。在京津冀一体化的背景下，推行三地的养老合作以及养老机构的协同发展，需要尊重老年人的意愿和迁移的规律。虽然三地的政府希望打造养老服务片区，希望北京和天津的老人去河北养老，但是，从调查来看，北京和天津愿意去河北养老的老年人比例并不高，[①] 加上两地医疗保险对接的障碍、养老机构软实力滞后，[②] 短期内异地养老的人数不会太多。同时，不管是北京的老人还是天津的老人，去河北的城市养老有一定比例是季节性的，不太可能是全年居住。养老机构的投资者在投资之前要掌握这些规律性的知识，对这些可能存在的经营风险进行提前预判和估算。对于政府来说，能否成功地打造养老服务片区，更多的是基于老年人的异地养老意愿和投资者对市场前景的预判和优质的服务，政府的政策制定和推行更多的是辅助性的推动力。

第六，重视老年人异地养老的真实意愿与需求。虽然各类调查中京津冀尤其是北京的老年人异地养老意愿不高，但是，依然有一部分老人已经入住河北的养老机构。不管是政府部门还是未来投资养老机构的企业，都需要客观分析老年人入住异地养老机构的真实意愿和需求。已经入住异地养老机构的老年人具有什么样的特征？为什么会入住异地的养老机构而不是户籍所在地的养老机构？对于不愿意入住异地养老机构的老年人，原因是什么？只有对这些问题有相对客观的把握和了解才能对政府和企业决策有参考价值。

第七，养老机构的协同发展需要三地政府的共同参与，避免出现"双方合作多，三方合作少"的格局。从《京津冀养老工作协同发展合作协议（2016年—2020年）》来看，北京和河北的"戏份"更多，天津在其中的作用并不明显，未来需要天津更多地参与进来。另外，三地政府在养老机构的协同发展过程中要体现平等，这里的平等既体现在政策规定层面，也体现在政策效果方面。

[①] 李璟、韩晓虎：《京津冀协同发展背景下京津老人异地养老意愿调查》，《产业与科技论坛》2016年第7期，第133~134页。

[②] 李晓丽、李建霞：《京津冀协同发展背景下河北承接北京养老服务的可行性分析》，《商》2016年第18期，第37、4页。

参考文献

陈友华：《异地养老：问题与前景》，《江苏社会科学》2016 年第 2 期，第 127～132 页。

丁志宏：《我国老人异地养老意愿的实证研究》，《兰州学刊》2012 年第 6 期，第 129～133 页。

丁志宏、姜向群：《北京城市老人异地养老意愿的实证分析》，《人口与发展》2011 年第 6 期，第 65～69、22 页。

李璟、韩晓虎：《京津冀协同发展背景下京津老人异地养老意愿调查》，《产业与科技论坛》2016 年第 7 期，第 133～134 页。

李晓丽、李建霞：《京津冀协同发展背景下河北承接北京养老服务的可行性分析》，《商》2016 年第 18 期，第 37、4 页。

刘锦堂：《政策协同是当前京津冀协同发展的关键》，中国社会科学研究论丛，2015。

吕丹娜、李延宇、丁玉乐等：《老年人异地养老的意愿调查及其影响因素研究——基于京津冀地区的研究》，《现代经济信息》2013 年第 5 期，第 310～313 页。

祝尔娟：《推进京津冀区域协同发展的思路与重点》，《经济与管理》2014 年第 3 期，第 10～12 页。

B.4 北京市养老机构的公建（办）民营发展报告

江 华[*]

摘 要： 分析了北京市养老机构的公建（办）民营发展状况，发现主城区养老机构的床位使用效率较高，分析了养老机构运营中参与主体的分工、定位和相互关系，提出北京市养老机构运营的6种产权模式，归纳北京市养老机构公建（办）民营的4种实施模式，评价北京市养老机构公建（办）民营运行效果，提出北京市养老机构公建（办）民营的发展建议。

关键词： 养老机构 公办民营 公建民营

随着社会各界对养老服务问题愈加关注，国家、北京市级及各行政区广泛出台有关养老机构公建（办）民营的政策文件及相关法规，社会资本的参与日渐规范化，民营养老机构的规模得到进一步扩大，在应对老龄化的问题上取得了一定的积极效果。

一 北京市养老机构整体分布现状

根据数据资料的翔实情况，同时考虑养老机构近年变化不大的现实，从

---

[*] 江华，经济学博士、工商管理博士后，首都经济贸易大学副教授，博士生导师，研究方向为社会保障、养老服务。

《中国民政统计年鉴2016》的数据来看，2015年末北京市养老机构共597家，养老机构床位入住率平均为57%。从北京市各区域分布来看（见图1），东城区、西城区、朝阳区、丰台区、石景山区、海淀区城6区共274家养老机构，城6区养老机构数量合计占比为46%，城6区养老机构的床位入住率普遍较高，除朝阳区（床位入住率为44%）外，其余5区床位入住率均在50%以上，反映了城区较高的床位利用率。城6区外的其余10个区中，床位入住率均在50%以下。

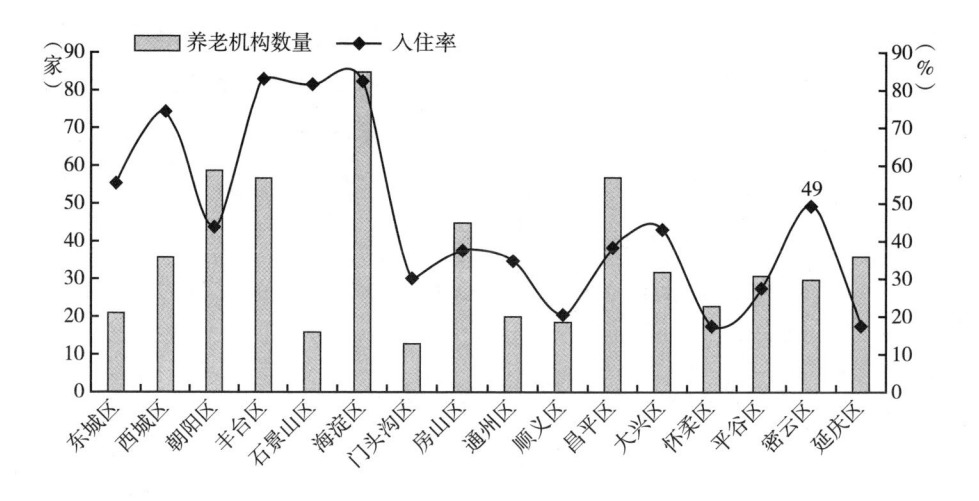

图1　北京市养老机构数量与入住率分布状况

资料来源：民政部：《中国民政统计年鉴2016》，中国统计出版社。

从各区养老机构床位拥有数量视角，对比北京市各区常住人口的分布①情况（见图2），除平谷区和延庆区的人口-床位适应率指标比较低以外，北京市养老机构床位数量分布比较符合常住人口数量规模的分布。

表1数据显示，北京市养老机构年末在院人数占年末床位数比重在80%以上的为丰台区、石景山区、海淀区3个区域，养老床位的使用效率最

---

① 此处养老机构床位数量分布匹配北京市各区65岁以上老人或者70岁、75岁以上老人的数量分布才更为合理，但目前北京市各区老年人口数量数据不可得。人口数使用2017年末数据，床位数使用2015年末数据。

北京市养老机构的公建（办）民营发展报告

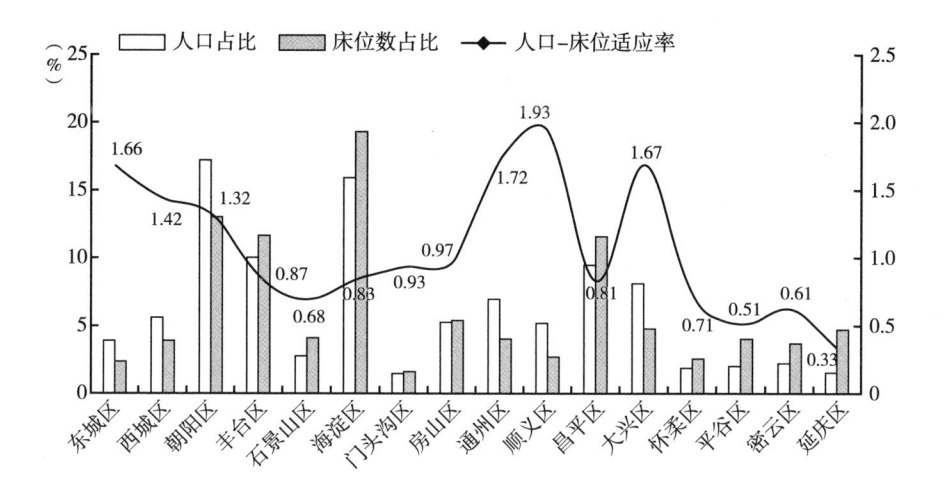

图2 北京市养老机构床位数量分布与人口数量分布对照

资料来源：①民政部：《中国民政统计年鉴2016》，中国统计出版社；
②北京市统计局：《北京统计年鉴2018》，中国统计出版社。

高。西城区养老机构年末在院人数占年末床位数的比重为74.0%，东城区为55.9%，养老床位使用效率也较高，其余区域的养老床位使用效率有待提升。在老年人数量和不同状态入住养老机构的比例方面，有9个区的老年人入住人数占年末在院人数的比例超过80%，有8个区的非完全自理人员入住人数占比超过七成，比较好地实现了养老机构主要收住老年人和非完全自理老年人的功能目标定位。

表1 北京市养老机构床位数量和入住人员基本情况

地区	年末在院人数占比	其中:老人	自理	介助	介护	非完全自理占比
北京市	0.570	0.431	0.153	0.141	0.174	0.673
东城区	0.559	0.294	0.055	0.111	0.139	0.821
西城区	0.740	0.267	0.069	0.075	0.124	0.743
朝阳区	0.436	0.484	0.124	0.138	0.244	0.755
丰台区	0.829	0.214	0.042	0.064	0.127	0.821
石景山区	0.811	0.482	0.044	0.215	0.253	0.915

续表

地区	年末在院人数占比	其中：老人	自理	介助	介护	非完全自理占比
海淀区	0.816	0.235	0.087	0.057	0.103	0.648
门头沟区	0.293	0.913	0.414	0.102	0.397	0.546
房山区	0.372	0.940	0.384	0.310	0.266	0.600
通州区	0.348	0.836	0.478	0.220	0.245	0.493
顺义区	0.202	0.826	0.365	0.308	0.326	0.635
昌平区	0.385	0.879	0.425	0.316	0.184	0.540
大兴区	0.432	0.920	0.177	0.242	0.525	0.812
怀柔区	0.170	0.673	0.442	0.256	0.144	0.475
平谷区	0.270	0.969	0.269	0.261	0.439	0.722
密云区	0.490	0.898	0.267	0.480	0.253	0.733
延庆区	0.174	0.990	0.595	0.250	0.156	0.405

注：①表中自理是指完全自理人员，介助是指半自理人员，介护是指不能自理人员；
②表中的老人、自理、介助、介护在院人数是指收养性养老机构的年末在院人数；
③表中"年末在院人数占比"是指年末在院人数与年末床位数的比值；"其中：老人""自理""介助""介护"的占比只是分别占年末在院人数的比值；"非完全自理占比"是指（"介助"+"介护"）/（"自理"+"介助"+"介护"）的比值。
资料来源：民政部：《中国民政统计年鉴2016》，中国统计出版社。

二 养老机构运营中的参与主体及关系

（一）养老机构运营中的参与主体类别

（1）政府及其部门（government）。长期以来，政府都是传统的社会福利责任主体，在新的养老机构服务体系中，政府作为责任主体的地位依然重要，但是政府的角色和职能定位有所变化和调整，政府逐渐减少或者淡出直接供给的角色，而增加行使行政职能和间接供给者的职能角色，其参与经营的活动仅限于养老服务最基本的保障。

（2）社会（society）。在新型的福利多元化供给体系中，社会力量以多种形式参与到捐助或兴办养老机构中来，按照市场的规则经营养老机构并获得一定利益。在社会力量中，国内力量包括集体、社会组织、村（居）民自治组织、内资企业和个人等，国际力量包括境内的外资企业、国际政府组织、国际非政府组织、境外企业和具有外国国籍的个人等。目前北京市民营养老机构的社会力量主体则是指非国有产权的社会组织、非国有内资企业、公民个人、外资企业、国际政府组织、国际非政府组织、境外企业和具有外国国籍的个人等。

（3）行业协会。在养老机构社会化规模达到一定程度之后，还将形成一个行业自律组织——社会福利行业协会（Social Welfare Association），其主要职能包括：在政府、社会和养老机构形成的各种关系中起到沟通、协调和监督作用；向政府表达养老机构的诉求；制定行业规范、公约和标准来约束养老机构的经营行为；等等。行业协会虽然不直接提供养老服务产品，但在服务链条中将会成为政府经济管理职能转变的重要途径和载体。

（二）养老机构运营主体的分工定位

哈罗德·德姆塞茨[1]将产权划分为3种形式：国有产权、共有产权与私有产权。国有产权是指这些权利由国家拥有，它再按可接受的政治程序来决定谁可以使用或不能使用这些权利。共有产权则意味着在共同体内的每一成员都有权分享这些权利，它排除了国家和共同体外的成员对共同体的任何成员行使这些权利的干扰。私有产权就是将资源的使用与转让权以及收入的享用权界定给一个特定的人。在理论上国有产权和共有产权均属于公有产权。综合我国现实国情，如图3所示，养老机构举办经营主体包括政府、社会团体（非营利组织）、企业（包括内资国有企业、内资非国有企业、外资企业）、国外的非营利组织、村（居）民自治组织和中国公民个人、外国公民个人等多元主体，资金由举办者筹集。根据国家对基本公共服务和非基本公共服务的属性界定，基本公共服务应主要由公有产权者和政府通过购买私有

---

[1] 〔美〕罗纳德·H. 科斯等：《财产权利与制度变迁》（产权学派与新制度学派译文集），刘守英等译，格致出版社、上海三联书店、上海人民出版社，2014，第76页。

产权者的服务来供给；非基本公共服务应该由市场来供给，市场供给既包括公有产权者，也包括私有产权者。除政府及相关部门之外，各参与主体应该有不同的职责定位，其服务价格水平因职责定位不同而有所不同。一般而言，公有产权满足基本公共服务的养老机构应该在政府及相关部门指导下定价，公有产权、私有产权满足非基本公共服务的养老机构应该在政府监管下受到市场规则调节和约束自行定价。

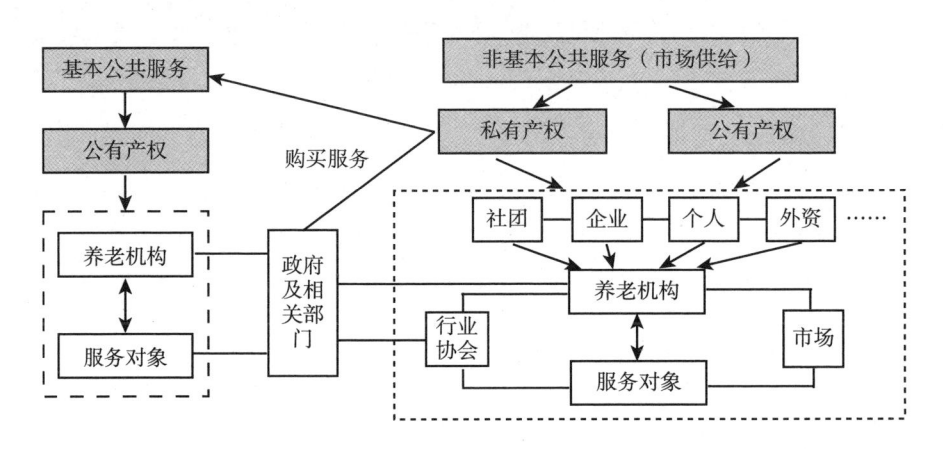

图 3　养老机构参与主体之间的关系

从基本公共服务和非基本公共服务的供给产品特征和政府及相关部门的角色出发，政府应该扮演好如下角色。

（1）举办机构，保障基本公共服务。政府直接出资兴办一些社会福利事业普遍存在于各个国家和地区，主要是在基本公共服务领域，定位于满足基本公共服务的公办养老机构；其服务对象为社会中的"五保"对象、"三无"老人（无劳动能力、无生活来源、无法定赡养人）等特殊困难群体，弱势群体需要政府提供较低价格的养老服务，因此，需要政府举办养老服务机构，保障弱势群体的基本养老需求。除此之外的一般社会老人不在政府办养老机构的服务对象之列。

（2）制定政策，做好监管。制定政策是政府发展养老机构的首要任务，对社会福利事业的发展具有全面的影响，也是政府履行社会福利职责的主要方式。政府制定社会福利政策要面向全体社会成员，体现公平和效率并重的原则。政府的政策制定要使得各类型的服务以及提供给各类不同群体的服务得到均衡的发展，如在基本养老服务与通过市场手段供给的养老服务之间的均衡，通过市场手段供给养老服务在区域和城乡之间的均衡等。同时，更要对养老机构的经营进行事前、事中、事后监管，即建立经营申报制度、建设制度、经营规范制度、机构与老人纠纷的化解制度等，以保证养老机构健康发展。

（3）对市场化养老机构鼓励与补贴。举办养老机构是一种长效投资，前期投入资金量较大，而社会主体举办养老机构的行为是政府为了适应老龄化需要鼓励的方向，政府扶助民办养老机构的发展将显得非常必要。因此，政府需要对批准新办的民办养老机构给予床位补贴、改扩建基金补贴等，并对补贴的落实进行监督。

（4）相关的配套公共服务供给。民办养老机构的发展将有效缓解老龄化带来的养老服务供给不足问题，因此政府还应在公共服务领域对相关的配套服务强化供给。一是制定从业人员培训和资格认定标准，并采取注册制度。二是舆论支持，提升养老机构从业人员的社会地位。目前养老机构从业人员还处于被歧视地位，政府应通过各种媒体进行公益宣传，提升社会对行业的认可度。三是增加对养老机构从业人员教育资源的配置，通过在高、中等职业教育学校开设老年护理等相关专业，提升从业人员技能，增加供给数量。四是对民办养老机构进行必要的司法援助，防止侵权现象发生。

（三）养老机构运营主体与分工差异形成的关系

养老机构多元参与主体形成新型的社会化养老服务体系中的互动关系（见图3）：政府与养老机构的关系、政府与服务对象之间的关系、养老机构与服务对象之间的关系、政府与行业协会及养老机构之间的关系。

（1）政府与养老机构的关系。政府与养老机构存在两种不同类型的关系：一是在基本公共服务保障中形成的关系，政府直接举办养老机构，保障对象为"五保"、"三无"和收入水平较低的相对弱势群体，实行政府定价方式，二者之间主要体现行政联系；二是在市场作用下的非基本公共服务供给体系中，政府与养老机构之间相互独立，政府是裁判员，对养老机构起到监管作用，服务价格由市场决定，除监管关系外二者还将通过政府购买服务的制度而形成双方的市场契约关系。

（2）政府与服务对象之间的关系。当前政府与服务对象之间的关系变得更加直接，主要是政府通过公共财政手段建立的床位补贴和老龄补贴制度。这种 G-C 关系将成为社会化养老机构服务体系中一种作用很强的关系，政府通过给养老机构补贴（本质上是对入住后的服务对象补贴）或直接补贴给服务对象，让服务对象到市场上购买服务，提高养老机构服务市场的活力。

（3）养老机构与服务对象之间的关系。养老机构与服务对象之间包括两种关系：一种是在保障基本公共服务中形成的"养老机构 – 政府 – 服务对象"关系，政府授权养老机构向服务对象提供服务，收取一定费用但水平接近成本价格甚至是低于成本价格的，只是服务水平会稍低；另一种是在保障非基本公共服务中形成的"养老机构 – 市场 – 服务对象"关系，实行市场价格的收费服务，价格水平较高，服务保障全面，双方是一种典型的基于自愿选择的市场契约关系。

（4）政府与行业协会及养老机构之间的关系。随着市场化经营养老机构数量的增多，将会逐步形成自律性的行业协会，它们将作为养老机构的联合组织形成新的渠道，以协调和沟通政府与养老机构之间的关系。

三　北京市养老机构的产权构成类别及经营模式

（一）北京市养老机构的产权构成类别

哈罗德·德姆塞茨[①]划分了 3 种产权形式：国有产权、共有产权与私有

---

① 〔美〕罗纳德·H. 科斯等：《财产权利与制度变迁》（产权学派与新制度学派译文集），刘守英等译，格致出版社、上海三联书店、上海人民出版社，2014，第 76 页。

产权。在理论上国有产权和共有产权均属于公有产权,国有企业作为举办主体也属于公有产权属性。《北京市人民政府办公厅印发关于加快本市养老机构建设实施办法的通知》(京政办发〔2013〕56号)(以下简称"京政办发56号文")中将政府投资建设和社会资本投资建设加以区分,因此公有产权可以进一步细化为政府公有产权、集体公有产权、国有企业公有产权3种。

在具体的养老机构建立模式实践中,根据"京政办发56号文"的相关规定:政府投资建设的养老机构,依法采取划拨方式供地;社会资本投资建设的非营利性养老机构,依法采取划拨方式供地;社会资本投资建设的营利性养老机构,应在限定地价、规定配套建设和提出管理要求的基础上,采用招拍挂等方式供地;企业单位利用自有用地建设的营利性养老机构,采取协议出让的方式供地;农村集体经济组织可采取占地方式,利用集体建设用地建设养老机构。根据目前北京市辖区范围内养老机构的运营模式,土地的取得可以分为划拨供地、招拍挂供地/协议出让供地、农村集体经济组织占地、土地租赁4种形式,地上附属物按照土地取得形式自建,加上直接租赁房屋举办养老机构和完全购买房产举办养老机构2种产权获得形式,可以形成6种养老机构的建设类型(见图4):划拨土地建立型养老机构(非营利性)、招拍挂供地或者协议出让供地建立型养老机构(营利性)、农村集体经济组织占地建立型养老机构、租赁农村集体经济组织的占地建立型养老机构、房屋租赁建立型养老机构、房产购置建立型养老机构。

1. 划拨土地建立型养老机构

根据"京政办发56号文"第四条中供地方式规定,按照产权属性界定,划拨土地建立型养老机构包括政府投资建设的养老机构、国有企业投资建设的非营利性养老机构和非国有企业投资建设的非营利性养老机构。此种方式取得土地后的土地性质和服务性质不得用作其他用途。一般而言,私有产权举办养老机构没有采用划拨方式供地的模式。

2. 招拍挂供地或者协议出让供地建立型养老机构

"京政办发56号文"第四条中规定:社会资本投资建设的营利性养老机构,应在限定地价、规定配套建设和提出管理要求的基础上,采用招拍挂

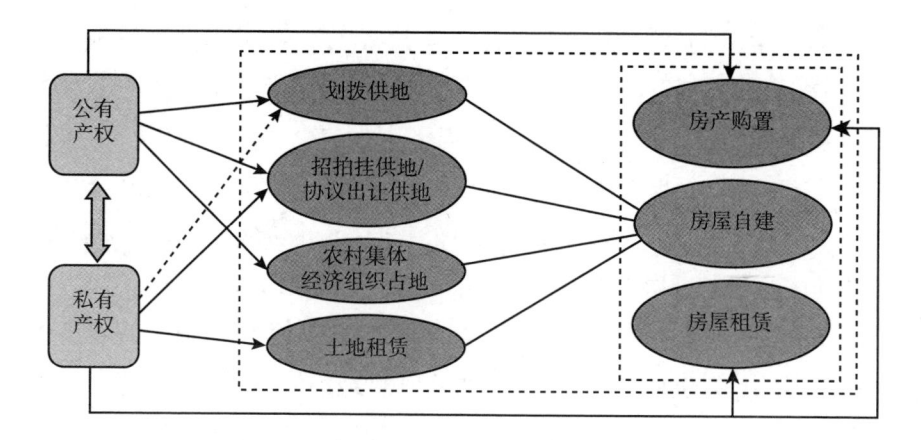

图 4　养老机构产权模式组合

等方式供地；企业单位利用自有用地建设的营利性养老机构，采取协议出让的方式供地。此处规定明确了如果社会资本投资建设营利性养老机构，则土地需要采取购置方式。但购置土地后建设养老院，则按照规定中的"社会资本投资建设的养老机构属于营利性或非营利性，由民政部门会同国土、工商等部门共同认定"来确定。此类型养老机构按照产权性质可区分为国有企业举办养老机构和非国有企业举办养老机构。

3. 农村集体经济组织占地建立型养老机构

"京政办发56号文"明确规定，农村集体经济组织可采取占地方式，利用集体建设用地建设养老机构。按照产权属性，此类养老机构定性为农村集体共有产权性质的养老机构。

4. 租赁农村集体经济组织的占地建立型养老机构

"京政办发56号文"对于租地新建型养老院并未做明确规定，但规定中允许社会资本在采用农村集体土地流转方式获得的集体建设用地上投资建设非营利性养老机构。从现实的运作形式来看，此类型一般为私有产权性质的资本采取租赁农村集体经济组织的方式建立养老机构。

5. 房屋租赁建立型养老机构

"京政办发56号文"第四条建设方式中规定：凡老城区和已建成小区无养老机构或现有设施没有达到规划和建设指标要求的，要限期通过购置、置换、租赁、腾退等方式开辟养老机构,且不得挪作他用。对于个人或者组织选择合适的地点通过租赁方式取得场所开办养老机构的未做出明确要求,但如果个人或组织有这种方式需求,则需要注意的是必须租赁产权归属明晰的房产,如果是独立房屋产权(土地上附着房屋归属一个产权人)则还要求土地使用权归属清晰,否则无法取得非营利组织经营许可。从现实的运作形式来看,此类型一般为私有产权性质的资本采取租赁房屋的方式设立养老机构。

6. 房产购置建立型养老机构

根据"京政办发56号文"第四条规定,政府、国有企业、非国有企业可以通过购置房产举办养老机构。此类养老机构包括政府购置房产建立的养老机构、国有企业购置房产建立的养老机构和非国有企业购置房产建立的养老机构。

对于上述6种举办方式,各产权模式各有优劣,具体比较见表2。

表2　养老机构建设产权模式组合及典型特征

产权模式	优点	缺点	注册类型选择	产权性质
①划拨供地+房屋自建	成本适中,需负担建筑装修成本	不能改变用途,不能转让	非营利性养老机构	公有
②招拍挂供地/协议出让供地+房屋自建	类似老年地产的形式,投资较大,运作繁杂,市场效益慢于常规房地产	可按照市场规律任意处置产权,养老院的营利和非营利性质需要确认,存在无法享受更多筹建、经营等税费优惠可能	非营利性养老机构/营利性养老机构(企业)	公有/私有
③农村集体经济组织占地+房屋自建	成本适中,需负担建筑装修成本	不能转让,但可以采取租赁、承包等方式运营	非营利性养老机构	公有
④土地租赁+房屋自建	筹建成本和经营成本均较低,用工来源方便,周边环境好	只能建立在农村拥有通过土地流转方式获得的集体建设用地的地点,每年需要支付租金,存在远期中止租赁、租金上涨、短暂的承租期内很难收回成本风险	非营利性养老机构	私有

续表

产权模式	优点	缺点	注册类型选择	产权性质
⑤房屋租赁改造	筹建成本较低,装修成本大	每年需要支付租金,承租年限也影响了改造工程的有效实施,存在远期中止租赁、租金上涨和装修成本损失的风险,短暂的承租期内很难收回成本,产权的属性限制了养老院的发展	非营利性养老机构/营利性养老机构(企业)	私有
⑥房产购置改造	投资较大	可按照市场规律任意处置产权,灵活性大	非营利性养老机构/营利性养老机构(企业)	公有/私有

（二）养老机构营利与非营利性质的差异

在上述养老机构不同产权属性（见表2）下，产权差异对应了养老机构资产权属的差异，根据目前北京市相关注册法规，养老机构可以选择注册为营利与非营利性质形式，养老机构营利和非营利性质的差异性如表3所示。这种差异对养老机构运营成本和床位定价以及产生的收益影响较大。

表3 养老机构的营利与非营利性质的差异

项目	非营利性养老机构(民办非企业)	营利性养老机构(企业)
注册机关	民政局注册并审批	工商局注册,民政局审批
建设补贴	一次性建设补贴最高25000元/床	无补贴
床位补贴	不能全自理老人500元/床,全自理老人300元/床	无补贴
税收优惠	减免营业税、企业所得税,同时免收相关行政事业性收费	减免营业税,减半征收相关行政事业性收费
利润分配	不得分红,资产不能私有化,不能设立分支机构	无限制
保险	养老综合责任险和雇主责任险,政府承担80%	享受非营利机构同等待遇

续表

项目	非营利性养老机构（民办非企业）	营利性养老机构（企业）
床位价格	政府指导价管理	完全市场调节
能源价格	水、电、气、暖适用民用价格	享受非营利机构同等待遇
星级评定	民政局评定	不在评级范围

资料来源：根据北京市相关文件法规整理。

四 北京市养老机构公建（办）民营的实施模式

根据北京市民政局、北京市发展和改革委员会、北京市财政局发布的《北京市养老机构公建民营实施办法》（京民福发〔2015〕268号）（以下简称"京民福发268号文"）对公建民营的定义，北京市养老机构公建民营实施方式包括承包、委托、联合经营等方式，公建养老机构的承接方包括企业、社会组织或个人。公建民营的标的为政府拥有所有权但尚未投入运营的新建养老设施，主要包括：各级政府作为投资主体新建或购置的养老设施；各级政府以部分固定资产作为投资，吸引社会资本建设，约定期限后所有权归属政府所有的养老设施；新建居民区按规定配建并移交给民政部门的养老设施；利用政府其他设施改建的养老设施。

北京市养老机构公建民营实施模式如图5所示。但"京民福发268号文"中并未区分企业和社会组织的产权属性。从产权属性的角度出发，国有企业和国有社会组织参与养老机构的运营并非公建民营模式，而只有非国有企业、非国有社会组织、个人参与运营的公建养老机构才应该是文件要求的参与运营主体。目前公有产权养老机构公建民营的实施模式包括4种类型。

1. 承包式

承包式即把养老服务机构的经营服务权转让给社会经营者，政府根据协议收取一定的承包费，监督相关服务与运营。这种形式相对简单，操作相对成熟。

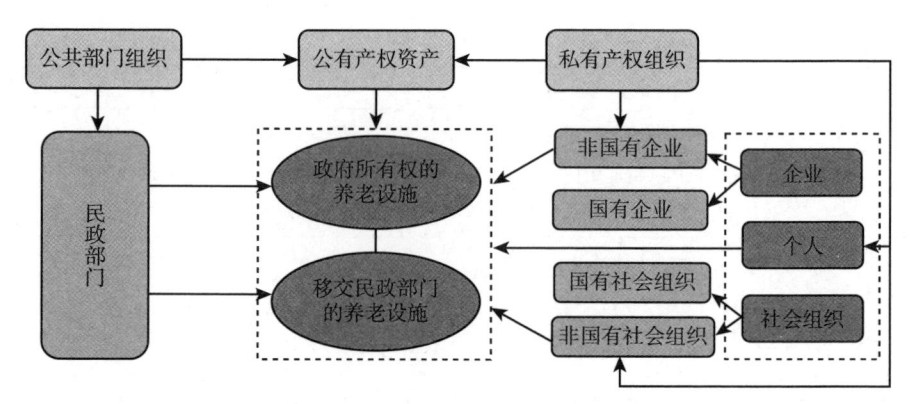

图5 北京市养老机构公建民营模式组合

2. 租赁式

租赁式即把养老服务机构的资产承租给社会经营者使用，政府根据合同收取一定的租金，监督租赁的财产不受损失。

3. 联合经营式

联合经营式即养老服务机构的经营服务权由社会经营者部分代行，根据政府与社会经营者双方的资金及精力投入比例以及能力优势分配经营服务权，通过协议确认双方在某些服务管理上的职责范围，形成合作关系，社会经营者根据投入情况获得相应回报。

4. 委托式

本模式是《北京市养老机构公建民营实施办法》（京民福发〔2015〕268号）提出的一种指导模式，即采取品牌机构连锁运营方式实施公建民营养老机构的模式，运营方是民办非企业法人机构，应是北京市或国内养老服务行业具备较高的社会影响力和广泛的品牌知名度的养老机构，具有完备的标准化服务体系、成熟的技术输出团队和相应的注册资金保障。所有权方与运营方应达成合作意向，运营方需提供公建民营养老机构的规划发展方案，所有权方据此召开专家论证会，对运营方提供的规划发展方案进行可行性论证。

目前北京市实施养老机构公建民营模式包括承包、联合经营、委托方式，不包括租赁方式。

五 北京市公建（办）民营养老机构运行效果

（一）北京市民营养老机构运行效果评价方法

本研究采取政策评价的目标达成模式法，按照德国学者韦唐（Evert Vedung）的概括，可以分为以下 8 类：（1）目标达成模式；（2）附带效果模式；（3）无目标模式；（4）综合模式；（5）顾客导向模式；（6）利益相关者模式；（7）经济模式；（8）职业化模式。[1] 其中目标达成模式是探讨政策评估问题的传统方法，常运用于政策评估，它主要由两部分组成：（1）目标达成评价，关注的是结果与政策（项目）目标是否一致；（2）影响评价，关注的是结果是不是由政策（项目）所造成。应用目标达成模式要分三个步骤进行：第一，明确政策（项目）目标及它们的真正含义，并将它们按重要程度加以排序，再把它们转变成可以测量的客体；第二，测定这些预定目标实际上可在多大程度上实现；第三，弄清楚政策（项目）促使或阻碍目标实现的程度。

《北京市养老机构公建民营实施办法》（京民福发〔2015〕268 号）的政策目标表述为三个方面：一是提升政府办养老机构保障效能；二是加快推进养老服务社会化；三是实现养老服务资源优化配置。而养老机构公建（办）民营本身即养老服务社会化的形式，基于此，本研究主要评价养老机构效能、养老机构资源优化配置，评价指标如表 4 所示。

表 4　公建民营养老机构评价指标及定义

序号	评价目标	指标	计算公式
1	养老机构效能	平均入住率	∑入住人数/∑床位数
2		平均星级	∑星级/养老机构数
3		盈亏状态	收入＞支出
4		投资回收期	原始投资额/年净收益

---

[1] 陈振明主编《公共政策分析》，中国人民大学出版社，2002。

续表

序号	评价目标	指标	计算公式
5	养老机构资源优化配置	人口-床位适应率	各区人口占比/各区床位占比
6		非自理老人入住比	入住半自理、不能自理老人数量/入住老人数量
7		高龄老人占比	入住70岁以上高龄老人数量/入住老人数量
			入住80岁以上高龄老人数量/入住老人数量

（二）北京市养老机构公建（办）民营实施效果评价数据

2016年10月，为落实《北京市居家养老服务条例》，根据北京市政府的要求，由市民政局统一组织安排，市相关部门配合，北京大学提供技术支持，开展了一项大规模居家养老相关服务设施摸底普查。"养老机构"是本次普查的其中一个对象，由北京师范大学具体负责组织。数据截止时间为2016年9月22日0时。本报告以此次调查数据为基础。调查样本为460家养老机构，样本养老机构的产权结构如图6所示，其中公办公营115家，公办民营97家，公建民营25家，民办民营189家，民办公助12家，农村集体9家，其他类型13家。

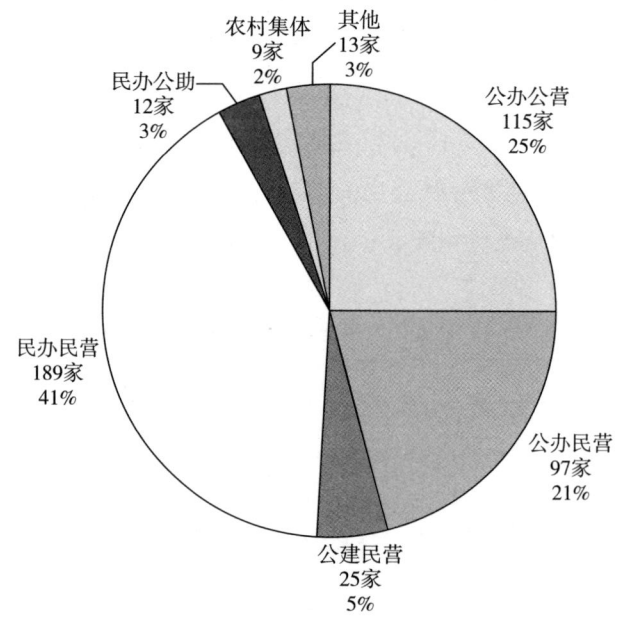

图6 养老机构调查样本的产权属性构成

（三）北京市养老机构公建（办）民营效果

1. 北京市公建（办）民营养老机构效能评价

根据表4对指标的定义，结合2016年养老机构调查数据，对公建（办）民营养老机构效能进行评价。调查养老机构分类型床位分布及入住老人分布情况如表5所示。

表5 调查养老机构分类型床位分布及入住老人分布

机构类型	数量（家）	占比（%）	设计床位（张）	占比（%）	备案床位（张）	占比（%）	使用床位（张）	占比（%）	入住老人（人）	占比（%）
公办公营	115	25.0	16703	17.3	16879	18.7	7420	15.5	6586	16.0
公办民营	97	21.1	16647	17.2	15647	17.3	8211	17.1	7221	17.6
公建民营	25	5.4	2326	2.4	2301	2.5	1360	2.8	1163	2.8
民民民营	189	41.1	54398	56.3	49036	54.2	26814	55.9	22752	55.4
民办公助	12	2.6	2031	2.1	2117	2.3	1001	2.1	750	1.8
农村集体	9	2.0	2571	2.7	2571	2.8	1974	4.1	1583	3.9
其他	13	2.8	1864	1.9	1864	2.1	1184	2.5	1007	2.5
合计	460	100	96540	100	90415	100	47964	100	41062	100

养老服务机构实行公建（办）民营有利于促进政府政事分开，政府不仅变服务提供者为服务监督者，也实现了投资方向的战略转变。政府只负责大型设施建设投资，日常运营费、小型设施建设费均由社会经营者投入，并且每年社会经营者还会上缴一部分资产折旧费和发展基金，促进机构的持续运营。表5中的数据显示，北京市公办民营、公建民营、民办民营、民办公助等可以归属民营属性的养老机构数量与规模已经占据绝对大的份额，民营养老机构的数量占70.2%，设计床位数量占78.1%，备案床位数量占76.4%，使用床位数量占77.9%，入住老人占收住老人总数的77.7%，显示了民营力量在机构养老服务中扮演了重要角色，对养老服务业的贡献突出。民营养老机构中，公办民营、公建民营养老机构数量已经达到122家，占比26.5%；设计床位18973张，占比19.7%；入住老人8384人，占比20.4%。数据显示了公有资产由私有产权运营的一定规模。其中，以调查时

点2016年9月22日为截止日期，公建民营养老机构是在2015年7月22日"京民福发268号文"之后1年多时间内形成的25家养老机构，私有产权参与运营公建养老机构的积极性较高。

表6中的数据显示了各类型养老机构的运营效能情况。老人入住才能形成养老机构的运营收入，而运营收入的实现关系到组织再生产活动的正常进行，是组织各种耗费得到合理补偿的来源，是养老机构持续发展的保障。除服务对象针对性较强、数量较少的农村集体办养老机构、其他养老机构（一般为企业办）以外，公办民营、公建民营养老机构的入住率较高，尤其是公建民营养老机构在运营1年多的时间内入住率在五成以上，反映了公建（办）民营养老机构很好的成长性。

表6 调查养老机构的效能评价指标状况

机构类型	老人入住率1	老人入住率2	星级	盈亏状态	投资回收期
公办公营	0.390	0.440	1.77	3.55	2.83
公办民营	0.461	0.525	1.69	3.26	2.9
公建民营	0.505	0.591	1.46	2.96	2.88
民办民营	0.464	0.547	1.89	3.34	2.95
民办公助	0.354	0.473	1.43	3.3	3
农村集体	0.616	0.768	2.29	3	2.25
其他	0.540	0.635	1.89	3.6	2.85
合计	0.454	0.530	1.79(2)	2.89(3)	3.34(4)

注：①表中"老人入住率1"是入住老人数量与备案床位数的比值，"老人入住率2"是使用床位数量与备案床位数的比值；

②表中的星级、盈亏状态、投资回收期合计行数据中，对应数据是平均值，对应数据后面括号中的数据是中位数值。

养老机构的星级越高，表示养老机构等级越高，养老机构的服务内容更加丰富、服务质量更加优质、人才队伍更加健全、管理制度更加规范、设施设备和环境更加完善。星级共分为五个等级，从低到高依次为一级、二级、三级、四级、五级。调查数据（见表6）显示，公办民营、公建民营养老机构的平均星级低于公办公营养老机构，原因有两点。一方面，评定星级需要各类有效许可证照、执业证明、房产证明，对养老机构院长、副院长、工作人员有文化程度、技能水平等要求，对养老机构内设老年人居室、卫生间和浴室、活动场所、就餐区域、接待区/室等场所都有具体标准，需要一定时间达到较高星级的标准；另一方面，公办民营、公建民营养老机构民营化的时间较短，全面提升星级需要时间。但从养老机构星级评定比例来看，公办公营养老机构具有星级的比例为53.9%，公办民营养老机构具有星级的比例为55.7%，公建民营养老机构在1年多时间内具有星级的比例也达到40.0%，具有星级的比例较高。同时民办民营养老机构的星级高于公办公营养老机构，显现了民营养老机构星级评定的较大潜力。

调查问卷中投资回收期设置的4个选项为："1"为1~3年，"2"为4~6年，"3"为7~10年，"4"为10年以上；盈亏状态设置的4个选项为："1"为盈余，"2"为基本持平，"3"为稍有亏损，"4"为严重亏损。汇总后数值意义为数值越小，投资回收期越短，盈利状态越好。从盈亏状态指标数据来看，只有公建民营养老机构的汇总数值是小于3的，其他养老机构均大于或等于3，反映了多数养老机构的经营状态为稍有亏损。从投资回收期来看，分类汇总的养老机构平均投资回收期接近于3，说明公办民营、公建民营养老机构的非营利组织定位决定了举办养老机构是需要较长的投资回收期的。

2. 北京市公建（办）民营养老机构资源配置效率评价

根据2016年养老机构调查数据和表4对指标的定义，对公建（办）民营养老机构资源优化配置进行评价，数据表如表7和表8所示。

表7 调查养老机构的资源优化配置评价指标状况（一）

机构类型	自理老人（人）	占比	半自理老人（人）	占比	完全不能自理老人（人）	占比	非完全自理老人占比	三类老人相对比
公办公营	2637	0.20	2197	0.16	1752	0.12	0.14	1:0.83:0.66
公办民营	2312	0.18	2587	0.19	2329	0.16	0.18	1:1.12:1.01
公建民营	246	0.02	536	0.04	389	0.03	0.03	1:2.18:1.58
民办民营	6788	0.52	7155	0.53	8501	0.60	0.56	1:1.05:1.25

续表

机构类型	自理老人（人）	占比	半自理老人（人）	占比	完全不能自理老人（人）	占比	非完全自理老人占比	三类老人相对比
民办公助	205	0.02	305	0.02	261	0.02	0.02	1∶1.49∶1.27
农村集体	670	0.05	259	0.02	654	0.05	0.03	1∶0.39∶0.98
其他	155	0.01	474	0.04	360	0.03	0.03	1∶3.06∶2.32
合计	13013	1	13513	1	14246	1	1	—

注：①表中"占比"是不同类型养老机构对应数量与调查总数量的比值，因此不同类型养老机构对应数据占比之和等于"1"；

②表中的"三类老人相对比"是以自理老人为"1"进行设定的。

养老机构主要是为老年人提供具有相对完整服务设施的集体居住场所的机构，虽然可以收住自理老人、半自理老人和完全不能自理老人，但对于大多数从公共服务、非营利性、价格非高端定位的养老机构来说，收住的非高龄自理老人主要包括"三无"老人、家庭结构或者环境特殊老人（比如家庭矛盾较大、子女不在身边）等对象，除此之外应主要收住高龄老人、半自理老人和完全不能自理老人，以实现养老资源的优化配置。表7的调查数据显示，在养老机构收住的自理老人、半自理老人和完全不能自理老人比例关系方面，北京市公办民营、公建民营、民办民营、民办公助等可以归属民营属性的养老机构收住的老人以非完全自理老人为主，占比为79.0%，尤其是民办民营养老机构比例较高。公办公营、农村集体养老机构则收住了较大比例自理老人，充分实现了政府对养老机构的功能目标定位及养老资源配置效率。

从不同类型养老机构视角来看，归属民营属性的养老机构收住的半自理老人占收住全部半自理老人数量的比例为78.3%，收住的完全不能自理老人占收住全部完全不能自理老人数量的比例为80.6%，收住的半自理老人、完全不能自理老人合计占比为79.5%，民营养老机构在养老资源优化配置方面贡献显著。其中公办民营、公建民营养老机构以设计床位数量占比19.7%的比例收住了21.0%的非完全自理老人，公建（办）民营养老机构在资源优化配置方面作用明显。

表 8　调查养老机构的资源优化配置评价指标状况（二）

机构类型	70~79岁（人）	占比	80~89岁（人）	占比	90~99岁（人）	占比	70岁及以上占比	80岁及以上占比
公办公营	1902	0.31	2372	0.39	437	0.07	0.78	0.47
公办民营	2103	0.32	2723	0.41	527	0.08	0.81	0.50
公建民营	317	0.28	541	0.48	128	0.11	0.88	0.60
民办民营	7058	0.32	9139	0.42	1821	0.08	0.83	0.50
民办公助	181	0.23	400	0.52	114	0.15	0.91	0.67
农村集体	389	0.25	797	0.50	169	0.11	0.86	0.61
其他	258	0.28	435	0.47	142	0.15	0.90	0.62

注：表中"占比"是同一类型养老机构对应数量与同一类型调查总数量的比值。

世界卫生组织（WHO）将60岁及以上老年人划分为三个阶段：60~74岁为年轻老人（the young old）、75~89岁为老老年人（the old old）、90岁及以上为非常老的老年人（the very old）或长寿老年人（the longevous）。《北京市民政局北京市财政局关于印发〈北京市特殊老年人养老服务补贴办法（试行）〉的通知》（京民福发〔2008〕335号）中将80岁及以上老人作为高龄津贴的补贴对象。结合调查数据的划分，本研究分别参考70岁及以上、80岁及以上等不同阶段划分方法数据进行评价。表8的调查数据显示，在不同类型养老机构收住的不同年龄段老年人方面，收住70~79岁老人占比最高的是公办民营和民办民营养老机构，收住80~89岁老人占比最高的是民办公助、农村集体和公建民营养老机构，收住90~99岁老人占比最高的是民办公助、其他、公建民营和农村集体养老机构。整体上看，收住70岁及以上老人占比最高的是民办公助、其他、公建民营养老机构，收住80岁及以上老人占比最高的是民办公助、其他、农村集体、公建民营养老机构，不考虑规模较小和企业办具有部分特定服务对象的其他和农村集体养老机构，公建民营养老机构具有较高高龄老人收住比，且民营养老机构高龄老人收住比全部高于公办公营养老机构，反映了民营养老机构在满足高龄老人服务方面较好地实现了资源优化配置。

（四）研究结论

根据以上的分析得出如下结论。

1. 北京市公建（办）民营养老机构承接主体的产权性质存在模糊边界

《北京市养老机构公建民营实施办法》（京民福发〔2015〕268号）规定的公办养老机构承接方未区别产权性质差异的企业和社会组织，存在产权性质约束的模糊边界，而公建（办）民营中的民营则必须是产权清晰的非国有企业、非国有社会组织等私有产权主体。如果国有企业参与养老机构的建设与运营，除以养老服务为核心业务的国有企业以外，按照国有企业"主辅分离"的改革思路，养老机构的运营应注册为独立企业或者非营利性法人机构，同时国有企业运营的养老机构在服务对象上应该更多服务于政府兜底保障或者中低收入老人。

2. 北京市养老机构整体布局精准性不足

目前北京市养老机构数量、床位规模除个别区域以外，大致是适应北京市人口区域分布的现实情况的，床位入住率也普遍较高，也符合养老机构主要收住非完全自理老人的功能目标定位，但总体上养老机构数量与床位规模应该符合北京市老年人口的区域分布才能提高养老机构布局的精准性，甚至于如果能够符合70岁及以上老人的区域分布则更能体现服务的精准性。

3. 北京市养老机构公建（办）民营模式实施效率仍有提高空间

养老服务机构实行公建（办）民营在效能提升、资源优化配置方面确实有较大改善，但总体上床位入住率仍然不高，床位使用不充分，个别公办民营养老机构开办年份较长但入住率仍然不足五成，公建（办）民营养老机构的星级也存在较大提升空间。从投资回收期来看，各类型养老机构差距不大，但公建（办）民营养老机构在没有筹建成本的条件下运营仍然没能大大缩短投资回收期，运营效率仍有提高空间。

4. 养老机构公建（办）民营的模式优化了准入"门槛"

养老服务机构实行公建（办）民营后，许多闲置的政府办养老服务机构的经营管理水平明显提升，资源利用率明显提高，呈现了"当年承包、当年见效益"的局面,有效激发了非公有主体的参与积极性,其中很重要的因素是公建(办)民营模式优化了社会力量进入养老行业的"门槛"。因为养老服务机构的基本建设由政府投资,节省了开支最大的筹建成本,且养老机构的相关经营手续政府已经办妥或者可以协助办理,前期运营成本大大降低,社会力量参与的可能性大大提升。

5. 养老机构公建(办)民营的方法促进了养老服务质量提升

养老服务机构实行公建(办)民营后,养老服务机构在经营上相对独立,由过去依赖政府转向依靠市场,从而调动了经营者的积极性,促使社会经营者完善内部管理制度,降低成本,提高效率,在服务上不断增强服务意识,提高服务质量,争取更多的老人入住才能确保投资的回收。

六 北京市养老机构公建(办)民营的发展建议

1. 通过老年优待卡的数据优化北京市养老机构公建(办)民营的布局

北京通-养老助残卡是北京市老年人享受养老服务的基本要件,应探索以北京通-养老助残卡功能为载体的信息化建设,精准采集北京通-养老助残卡中包括老年人身份信息、区位信息等在内的比较全面的个人及家庭信息,探索入住养老机构采集北京通-养老助残卡的办法,为了解老年人口分布、养老服务政策科学决策提供翔实、精准、全面的决策依据与参考。

2. 进一步明确北京市养老机构公建(办)民营的参与主体

养老机构的发展需要社会力量的积极参与,养老服务机构分类管理是健康发展的基本方向。目前的政策文件将养老机构分为公办公营、公办民营、公建民营、民办民营、民办公助、农村集体、其他等类别,但并未对各类养老机构的功能进行明确的定位。一般而言公办公营养老机构的定位应该是为政府兜底保障对象提供基本养老服务,经营目标取向为福利性;而其他参与主体应该以市场化为导向,经营活动对象为收入较高、家庭承担能力较强的老人,根据需求提供更加丰富的服务单元。各类养老机构并没有根据养老服务对象的群体差异做出经营理念上的类别划分，今后可以在已有养老机构分类基础上，进一步厘清不同类型养老机构的经营理念定位。

3. 建立根据资产产权属性原则确立的收益共享机制

目前，北京市应该严格遵循非营利性社会组织会计制度，在权责发生制会计原则的约束下进行核算，以规范公建（办）民营养老机构会计行为，加强养老机构的财务管理，为养老机构的持续发展提供决策支撑。同时，应确立公有产权、私有产权资产产权属性对应的收益权与经营过程中的成本负担责任，从而建立根据资产产权属性原则确立的收益共享机制。

4. 建立北京市公建（办）民营养老机构效率评价的激励机制

在北京市实施养老机构公建（办）民营的进程中，为了提高非公有组织参与的积极性，提升公建（办）民营养老机构的效能和资源配置效率，需要政府在做好"裁判员"的同时，对已经实施公建（办）民营的养老机构进行运行效果评价，奖励运营效果良好的企业，或者采取每年评价效能和资源配置效率最优的10家公建（办）民营养老机构，放大示范效应，激励更多有实力、有基础的社会主体积极参与养老机构的建设与发展。

专题报告
Special Report

B.5 典型大城市养老机构服务供需发展报告

王永梅 都玉[*]

摘　要： 从供需两个视角考察了北京市养老机构的发展现状，比较分析了北京、上海、广州和重庆四个大城市老年人对于养老机构的认知和需求情况，分析了所选四个大城市在养老机构方面的优秀经验，提出了北京市养老机构高质量发展的对策建议。

关键词： 养老机构　养老服务　高质量发展

---

[*] 王永梅，老年学博士，首都经济贸易大学劳动经济学院讲师；都玉，首都经济贸易大学劳动经济学院劳动与保障专业硕士研究生。

随着我国人口老龄化不断加深，大城市和特大城市养老问题已经引起政府和学界的高度关注；[1] 加之我国经济已由高速增长阶段转向高质量发展阶段，[2] 如何将我国养老服务的发展推向高质量发展阶段也已经成为新时期我国养老服务发展的重要内容之一。养老机构作为我国城市养老服务体系的重要组成部分，也因为人口老龄化的快速发展和养老服务资源愈发紧张而面临着高质量发展的要求，诸如北京、上海、重庆等大城市或超大城市所面临的形势更为紧迫。

为了更好地为北京市养老机构的高质量发展服务，本报告将在全国选择几个与北京类似的大城市或超大城市进行比较分析，从而把握北京养老机构发展的特点和方向。根据2014年《国务院关于调整城市规模划分标准的通知》和2010年第六次全国人口普查数据，我国的超大城市有北京、上海、广州、深圳、重庆和天津共6个，特大城市有武汉、成都、南京、杭州、沈阳、西安、郑州、哈尔滨、青岛和苏州共10个，大城市有124个，在此，选择北京、上海、重庆、广州四个超大城市进行比较分析。在对四个城市人口老龄化和养老机构概况描述的基础上，一方面，通过2016年中国老年社会追踪调查（China Longitudinal Aging Social Survey，简称CLASS）的全国数据分析比较这些城市老年人对于养老机构的需求情况，提炼出北京市老年人对养老机构的需求特征；另一方面，基于2016年北京市普查数据分析北京市养老机构的服务供给情况，通过供需情况的对比分析，把握北京市养老机构的发展问题，从而提出未来的发展方向。

一 四城市人口老龄化与养老机构概况

（一）北京市人口老龄化仅次于上海市，但增长速度开始加快

表1显示了2010年、2015年和2017年四个城市人口老龄化的概况。可

---

[1] 2018年末的中央经济工作会议提出在2019年"要完善养老护理体系，努力解决大城市养老难问题"；5月9日、10日，民政部主持召开了"全国大城市养老服务工作会议暨全国养老服务推进会议"。
[2] 任保平、文丰安：《新时代中国高质量发展的判断标准、决定因素与实现路径》，《改革》2018年第4期。

见,全国老龄化水平从 2010 年的 13.32% 增长为 2017 年的 17.30%,与上一次快速增长阶段相比,这一阶段是相对缓和的增长期,接下来又将进入急剧增长阶段。[1]

表 1 四城市人口老龄化规模及比例(60 岁及以上人口)

单位:人,%

年份	北京市	上海市	广州市	重庆市	全国水平
2010	2460108	3469655	1237183	5024394	177584440
	12.54	15.07	9.74	17.42	13.32
2015	3547742	4789613	1475000	6104968	220580000
	16.38	19.85	12.39	20.20	16.15
2017	3333000	4816100	1618500	6217600	241000000
	24.50	33.09	18.03	20.21	17.30

资料来源:2010 年第六次全国人口普查、2015 年全国 1% 人口抽样调查、《北京市老龄事业发展和养老体系建设白皮书(2017)》、上海市老龄科学研究中心、中国统计年鉴、广州市民政局(《广州市老年人口和老龄事业核心数据》)、重庆市统计局(《2017 年重庆市国民经济和社会发展统计公报》)、国家统计局、国务院《"十三五"国家老龄事业发展和养老体系建设规划》。

北京市的老龄化水平从 2010 年的 12.54% 增长为 2017 年的 24.50%,增加了近一倍。与其他三个城市相比,从 2010 年和 2015 年低于重庆市和上海市,发展到了 2017 年超过重庆市且仅低于上海市,目前在四个城市中排名第二。

从增长模式来看,大城市人口老龄化已经由与人口流动有关向自身内在增长转变。2010 年第六次全国人口普查数据显示,重庆市的老龄化程度最严重,上海市次之,且均高出全国水平;而到 2015 年,上海市人口老龄化水平已增长至 19.85%,与重庆市的 20.20% 开始接近;到 2017 年,上海市一跃成为人口老龄化程度最高的城市。前两次重庆市人口老龄化程度最高主要是由人口外流导致,同时上海市人口老龄化程度相对较低也与人口流入有关。到 2017 年,流动人口的稀释作用开始变得微弱,北

---

[1] 翟振武、陈佳鞠、李龙:《中国人口老龄化的大趋势、新特点及相应养老政策》,《山东大学学报》(哲学社会科学版)2016 年第 3 期,第 27~35 页。

京市、上海市人口老龄化的增长开始由其内在人口变化所引致。如果说，以往大城市和超大城市的人口老龄化应对还可以依赖流动人口，那么随着二线城市和农村地区人口老龄化不断加剧，大城市人口老龄化应对就需要有新的举措。

数据显示，北京市已成为中度老龄化城市，随着经济社会发展水平、人民生活水平、医疗技术的不断提高，北京市人口平均寿命不断延长，老年人口总量不断增长。预计到2020年，北京市户籍老年人口将超过380万人，常住老年人口将超过400万人。

（二）北京市老年抚养比低于上海市，但将进入加速阶段

老年抚养比是可以反映养老负担以及需要社会养老服务资源的一个重要指标，在此对四个超大城市的老年抚养比进行了比较分析，如表2所示。可见，截至2017年底，我国60岁及以上老年人口抚养比为26.32%，其中，北京的老年抚养比仅低于上海，相当于全国平均水平的1.51倍。

表2 老年抚养比

单位：%

年份	北京市	上海市	广州市	重庆市	全国水平
2010	15.91	19.75	12.36	26.56	19.02
2015	22.28	28.04	16.59	31.45	23.99
2017	39.70	58.80	27.61	32.69	26.32

注：2010年广州市老年抚养比计算过程：广州市统计局官网中的2010年第六次全国人口普查数据中的"T3-01全国分年龄、性别的人口"表格中，把15~59岁的人数加总，60岁及以上人口加总，60岁及以上人口/15~59岁的人口即老年抚养比。2017年全国老年抚养比计算过程：根据《中国统计年鉴2018》中表2-9（按年龄和性别分人口数）的数据计算，把15~59岁的人数加总，60岁及以上人口加总，60岁及以上人口/15~59岁的人口，结果再除以0.000824即最后的老年抚养比（因为抽样比是0.000824）。

资料来源：2010年第六次全国人口普查、2015年全国1%人口抽样调查、《北京市老龄事业发展和养老体系建设白皮书（2017）》、上海市老龄科学研究中心、广州市民政局（《广州市老年人口和老龄事业核心数据》）、重庆市统计局（《2017年重庆市国民经济和社会发展统计公报》）、国家统计局（《中国统计年鉴2018》）。

从老年抚养比增长情况来看，七年间上海市老年抚养比从2010年的19.75%上升到了2017年的58.80%，增长了1.98倍，已跃居四个城市之首，而且始终高于全国平均水平，养老负担较重。北京市老年抚养比从2010年15.91%上升到2017年的39.70%，约每2.5名劳动力在抚养1名老年人，增长速度非常快，已跃居第二位，仅次于上海，且高出全国水平，养老负担较重。广州市老年抚养比从2010年的12.36%上升到2017年的27.61%，增长速度低于上海市和北京市，但高于重庆市。重庆市老年抚养比在2010年就达到了26.56%，可以说起点是非常高的，到2017年增长至32.69%，增长幅度为23.08%。

结合第二部分表4中"健在子女数量"来看，北京市老年人健在子女数量是少于其他三个城市的。这也说明，未来北京市的老年抚养比将会以更快的速度增长，同时带来的独居或空巢问题可能也会产生更多的机构养老需求。

（三）北京市养老机构人均床位数量为3.24张/百人，高于全国水平

2017年，全国各类养老服务机构为15.5万家，比上年增长10.6%，其中注册登记的养老服务机构有2.9万家，各类养老床位合计744.8万张，每千名老年人拥有养老床位31.0张。

截至2017年底，北京市投入运营养老机构506家，投入运营养老床位10.3万张。全市建成运营区级养老服务指导中心6个，建成并运营街乡养老照料中心172个、社区养老服务驿站380家。北京市老年人口和老年抚养比数据显示，北京市老龄化在四个城市中居于第二位，养老机构、养老床位数量仅次于重庆、上海，而与2016年相比，北京市2017年养老机构床位数量有所下降。

从人均床位数量来看，2017年广州市老年人人均床位数量达到3.84张/百人，在四个城市中居首位，其次是重庆市，为3.40张/百人，上海市人均床位数量是最少的（见表3）。

表3 养老机构概况

年份	统计变量	北京市	上海市	广州市	重庆市	全国水平
2015	机构数量（家）	449	699	177	—	116000
	床位数量（张）	98888	126000	53017	—	6722000
	人均床位数（张/百人）	2.79	2.63	3.59	—	3.05
2017	机构数量（家）	506	703	183	1400	155000
	床位数量（张）	103000	140400	62144	212000	7448000
	人均床位数（张/百人）	3.09	2.92	3.84	3.40	3.10

资料来源：北京市民政局（《北京市2015年老年人口信息和老龄事业发展状况报告》）、《北京市老龄事业和养老服务发展报告（2016年—2017年）》、《北京市老龄事业发展和养老体系建设白皮书（2017）》），http://www.360doc.com/content/16/0403/18/16673048_547586625.shtml、http://yp.gmw.cn/2017-03/27/content_24068158.htm、上海市老龄科学研究中心、广州市民政局（《广州市老年人口和老龄事业核心数据》）、重庆市民政局（《2017年全市民政事业发展报告》）、民政部（《2015年社会服务发展统计公报》《2016年社会服务发展统计公报》《2017年社会服务发展统计公报》）。

二 从需求方看养老机构发展趋势[①]

长期以来，我国养老服务的供需关系处于非均衡状态，政府和学界通常认为供给侧是制约养老服务发展的主要原因，于是着眼于供给侧进行了诸多改革。但根据服务科学的判断，需求和供给都是决定两者均衡发展的关键因素，近年来学界开始关注老年人（含家庭）的养老服务需求及其规律性，[②]对于养老机构的需求是其中的一个重要方面。在此，将采用全国数据对四个超大城市老年人对养老机构需求的情况进行比较分析，从而把握北京市的特征及其发展趋势。

[①] 感谢中国人民大学人口与发展研究中心和老年学研究所的CLASS调查数据支持。

[②] 杨立雄教授6月30日在"新时代养老服务理论与政策研讨会"上做了"促进养老服务的关键在于改善需求侧"的发言。杜鹏、王永梅和彭希哲等也曾提出要深入关注养老服务需求侧的情况，参见杜鹏、王永梅《中国老年人社会养老服务利用的影响因素研究》，《人口研究》2017年第3期；彭希哲、宋靓君、黄剑焜《中国失能老年人长期照护服务使用的影响因素分析——基于安德森健康行为模型的实证研究》，《人口研究》2017年第4期。

（一）CLASS数据介绍和四个城市的样本信息

以往关于老年人对于养老机构需求的探讨更多的是基于宏观人口数据（比如老年人数量、失能老年人规模等）或政策逻辑推导而来，对于老年人自我报告的数据考察较少；加之，关于大城市养老机构发展情况的比较分析，以往的数据更是匮乏，因此我们对于大城市老年人需求侧的信息不甚明了。

为了更好地比较四个超大城市养老机构需求侧的情况，就需要使用同一套数据进行分析，这就需要做好数据选择。目前，第四次中国城乡老年人生活状况调查和中国老年社会追踪调查（CLASS）都对此四个城市进行了调查，考虑到数据的可得性，本报告选择CLASS数据进行分析。该数据是由中国人民大学老年学研究所组织、中国调查与数据中心具体执行的一项全国性老年大型社会调查项目，采用分层多阶段概率抽样法在全国28个省、自治区、直辖市（不包括香港、台湾、澳门、海南、新疆和西藏）进行抽样调查，2014年做了基线调查，样本量为11511，2016年又做了追踪调查，样本量为11470。

在2016年CLASS数据中，北京市、上海市、广州市和重庆市的样本量分别为556、552、341和301，表4显示了2016年CLASS调查中四个超大城市的样本情况。从性别来看，北京市样本中女性老年人偏多，占到了全部样本的64.93%；从户口属性来看，北京市老年人的非农业户口占比是最高的，达到了97.66%，其次是广州市，为90.91%，重庆市老年人中70.10%是农业户口，另有13.29%属于统一居民户口；从文化程度来看，北京市受过初中及以上教育的老年人占比是最高的，其次是上海市，重庆市老年人的文化程度是最低的，超过93%仅为小学及以下水平；从健在子女数量来看，与其他三个超大城市中有3个及以上子女的老年人占比在45.15%~59.86%相比，北京市老年人健在3个及以上子女的仅占19.16%，没有子女或有1~2个子女的老年人超过样本总量的4/5。

总的来说，与其他三个超大城市的老年人相比，北京市老年人的非农属性较为明显，非农业户口占比达97.66%，健在子女数量也明显偏少，这些特征都决定了北京市老年人对于养老服务和机构养老的选择会呈现自身的特点。充分把握好这些特点及其发展趋势，对于北京市养老机构的高质量发展至关重要。

表4 四个城市样本基本情况

单位：%

		上海市	北京市	广州市	重庆市	合计
性别	男	46.56	34.89	48.68	54.15	44.57
	女	53.44	64.93	51.32	45.85	55.37
	小计	100.00	100.00	100.00	100.00	100.00
年龄组	低	29.35	36.33	27.57	32.23	31.71
	中	37.32	29.86	30.5	36.54	33.49
	高	33.33	33.81	41.94	31.23	34.8
	小计	100.00	100.00	100.00	100.00	100.00
户口	农业户口	51.27	2.16	2.35	70.10	29.37
	非农业户口	47.28	97.66	90.91	16.61	66.51
	统一居民户口	1.45	0.18	6.74	13.29	4.12
	小计	100.00	100.00	100.00	100.00	100.00
文化程度	文盲	2.47	6.29	19.48	63.27	11.43
	小学	25.93	13.71	27.27	30.61	17.46
	初中或高中	61.73	71.71	42.21	6.12	63.41
	大专及以上	9.88	8.29	11.04	0	7.69
	小计	100.00	100.00	100.00	100.00	100.00
健在子女数量	0	0.19	0.36	0	0	0.18
	1~2个	46.3	80.47	54.85	40.14	57.83
	3个及以上	53.52	19.16	45.15	59.86	42.00
	小计	100.00	100.00	100.00	100.00	100.00

资料来源：2016年中国老年社会追踪调查（CLASS）。

（二）北京市老年人养老机构认知度相对较高

认知度是考量一项政策或举措执行或落地情况的一种常用方法。[1] 老年

---

[1] 陈振明：《政策科学——公共政策分析导论》（第二版），中国人民大学出版社，2006。

人对于养老机构的认知情况,不仅能反映出老年人对于养老机构的行为态度,更能从侧面反映当地养老机构的发展情况。CLASS 调查了老年人对于养老机构(问卷中用"养老院"笼统代之)的认知情况,表 5 是四个超大城市老年人对于"您了解养老院吗?"的回答情况。可见,北京市老年人对于养老院的了解程度是最高的,"了解"或"有些了解"的比例超过 2/3(66.90%),这一比例在上海市、广州市和重庆市分别为 45.29%、51.61% 和 22.26%。

表 5　您了解养老院吗?

单位:%

	上海市	北京市	广州市	重庆市	合计
了解	6.70	6.29	6.74	4.65	6.23
有些了解	38.59	60.61	44.87	17.61	43.2
不了解	54.71	33.09	48.39	77.74	50.57
合计	100.00	100.00	100.00	100.00	100.00
样本量	552	556	341	301	1750

资料来源:2016 年中国老年社会追踪调查(CLASS)。

表 6 显示的是老年人对于养老院的总体印象,可见老年人对于养老院的评价为"较好"的比例中北京市是最高的,远高于平均水平的 11.94%;同时,评价为"较差"的比例北京市远低于广州市和重庆市,但是略高于上海市。

从四个超大城市老年人对于养老机构的认知情况来看,北京市老年人对于养老机构的认知度比较高,而且总体印象也较好。较高的认知度为北京市养老机构的发展奠定了重要的群众基础;而老年人对于养老机构的良好印象也说明北京市养老机构发展取得了积极成果,为将来的高质量发展奠定了重要基础。

表 6　您对养老院的总体印象如何?

单位:%

	上海市	北京市	广州市	重庆市	合计
较差	6.34	7.01	13.78	13.62	9.26
一般	50.54	52.7	64.52	34.55	51.20
较好	5.07	20.68	16.13	3.65	11.94

续表

	上海市	北京市	广州市	重庆市	合计
无法回答	38.04	19.60	5.57	48.17	27.60
合计	100.00	100.00	100.00	100.00	100.00
样本量	552	556	341	301	1750

资料来源：2016年中国老年社会追踪调查（CLASS）。

（三）北京市老年人对于机构养老的意愿最高

如果说上述的认知度仅反映了老年人对于养老机构这一事物的态度，那么是否选择养老机构进行养老就更能反映他们的行为态度。CLASS调查了老年人的养老意愿："今后您打算主要在哪里养老？"结果见表7。如果将"养老院"和"社区的日托站或托老所"都算作机构养老，那么北京市老年人对于机构养老的意愿是最高的，达到了21.40%，上海市和广州市这一比例仅为1.45%和10.26%，重庆市这一比例甚至仅为0。这固然与不同地域老年人对于养老机构的理解存在差异有关，但也能反映出北京市老年人具有较高的机构养老意愿，这无疑对北京市养老机构的高质量发展提出了更高要求。

表7 今后您打算主要在哪里养老？

单位：%

	上海市	北京市	广州市	重庆市	合计
自己家	79.89	56.12	84.46	66.11	70.86
子女家	14.49	11.15	3.23	27.24	13.43
社区的日托站或托老所	0.36	10.61	3.81	0	4.23
养老院	1.09	10.79	6.45	0	5.03
无法回答	4.17	11.33	2.05	6.64	6.46
合计	100.00	100.00	100.00	100.00	100.00
样本量	552	556	341	301	1750

资料来源：2016年中国老年社会追踪调查（CLASS）。

表8显示了四个城市中老年人选择养老院进行养老的原因。在"无论如何都不会去"的选项上,北京市和广州市是比较低的,上海市和重庆市的老年人"无论如何都不会去"的比例远远高于北京市和广州市,再次说明北京市老年人选择机构养老的意愿是相对比较高的。对于在什么情况下会去养老院,"身体不好,需要有人照料"和"孤独寂寞,需要有人陪伴"比例都是较高的,值得注意的是北京市老年人因"孤独寂寞,需要有人陪伴"而想要去养老院的比例是最高的,甚至是上海市和重庆市的4~5倍,这说明对于养老机构精神慰藉的需求也是北京市老年人需求的一项重要内容,从某种程度来看,这可能与北京市老年人健在子女数量较少有一定的关系,而且也跟受教育程度较高而对精神生活要求较高有关。

表8 您在什么情况下会去养老院?

单位:%

	上海市	北京市	广州市	重庆市	合计
身体不好,需要有人照料	32.43	55.4	62.46	18.6	43.2
孤独寂寞,需要有人陪伴	4.53	17.63	14.37	3.65	10.46
出现家庭矛盾	3.99	3.78	2.93	0.33	3.09
为了换个居住环境	0.91	0.9	1.17	0.33	0.86
无论如何都不会去	45.83	16.19	9.38	60.13	31.77
无法回答	12.32	6.12	9.68	16.94	10.63
合计	100.00	100.00	100.00	100.00	100.00
样本量	552	556	341	301	1750

资料来源:2016年中国老年社会追踪调查(CLASS)。

(四)北京市老年人对于医养结合的要求更为突出

老年人倾向于什么类型的养老院对于市场发展具有重要的指导意义,更是政府推进养老服务体系高质量发展的重要依据。根据CLASS问卷调查数据,考察了四个城市老年人对于"您最喜欢以下哪种养老院?"的回答情况,见表9。通过比较可以看出,除了希望养老院服务质量高、居住环境好、离家近这些常规要求之外，北京市老年人对于"地理位置离医院近"和"入住的门槛费用低"的回答明显高于其他三个城市，前者说明北京市老年人对于医养结合的要求尤其突出，后者可能反映出目前一些公寓式养老机构的"会费"相对较高。

表9 您最喜欢以下哪种养老院？

单位：%

	上海市	北京市	广州市	重庆市	合计
地理位置离家近	37.46	17.17	51.46	5.00	29.9
地理位置离医院近	8.03	29.83	8.41	0.00	15.83
收费低	14.72	9.01	7.12	66.67	15.75
入住的门槛费用低	6.02	13.30	4.21	9.17	8.71
服务质量高	21.07	21.24	23.3	15.83	21.19
居住环境好	9.03	9.44	5.5	2.5	7.62
其他	3.68	0	0	0.83	1.01
合计	100	100	100	100	100

资料来源：2016年中国老年社会追踪调查（CLASS）。

（五）北京市老年人可承担的费用集中在2000～5000元

老年人可以承担的费用，不论是对于政府公办养老机构还是对于市场化的民营养老机构而言都是非常重要的。对CLASS调查中"如果需要住养老院，您家一个月最多能承担多少钱？"四个城市老年人的回答情况进行了分析，见表10。

可见，66.73%的北京市老年人能承担的费用集中在2000～5000元，1/4的老年人可以接受的费用超过了5000元。在四个城市中，北京市老年人的费用承担情况与广州市比较类似。与上海市老年人可以承担的费用主要集中于两端相比，北京市老年人的费用承担相对集中于中间部分，这可能与上海市样本中的农村老年人占比相对较多有关。就城市老年人而言，北京市城市老年人可承担的费用相对集中于2000～5000元，1000元以下的比例为0；上海市城市老年人可承担的费用相对分散，既有13.79%选择1000元以下，

典型大城市养老机构服务供需发展报告

表 10 如果需要住养老院，您家一个月最多能承担多少钱？

单位：%

可承担费用	上海市 城市	上海市 农村	上海市 小计	北京市 城市	北京市 农村	北京市 小计	广州市 城市	广州市 农村	广州市 小计	重庆市 城市	重庆市 农村	重庆市 小计	合计 城市	合计 农村	合计 小计
1000 元以下	13.79	17.18	15.58	0.00	7.69	0.18	0.97	3.23	1.17	5.88	15.20	13.62	3.61	15.38	7.54
1000~2000 元	4.60	4.81	4.71	7.37	38.46	8.09	2.26	16.13	3.52	9.80	0.80	2.33	5.49	4.44	5.14
2000~3000 元	12.26	5.15	8.51	30.57	15.38	30.22	28.39	22.58	27.86	0.00	0.00	0.00	24.55	4.10	17.71
3000~5000 元	12.64	3.44	7.79	37.02	15.38	36.51	49.03	25.81	46.92	0.00	0.00	0.00	33.13	3.42	23.20
5000~8000 元	1.53	0.34	0.91	2.03	0.00	1.98	1.61	9.68	2.35	0.00	0.00	0.00	1.72	0.68	1.37
8000 元及以上	55.17	69.07	62.50	23.02	23.08	23.02	17.74	22.58	18.18	84.31	84.00	84.05	31.50	71.97	45.03
合计	100.00	100.00	100.00	100.00	100.00	100.00	100.00	100.00	100.00	100.00	100.00	100.00	100.00	100.00	100.00
样本量	261	291	552	543	13	556	310	31	341	51	250	301	1165	585	1750

资料来源：2016 年中国老年社会追踪调查（CLASS）。

也有55.17%选择8000元及以上，总的来说，北京市城市老年人可以承担的养老机构的费用处于中高水平。就农村老年人而言，北京市样本中农村老年人仅有13个，代表性相对较差，上海市农村老年人可以承担的费用17.18%在1000元以下，同时69.07%在8000元及以上，聚焦于两端的现象更为明显。重庆市老年人可以承担的养老机构费用最高，84.05%选择8000元及以上，15.95%选择2000元以下，中间段位则为0。

（六）对于照护失能失智老年人的机构需求意愿日益凸显

随着人口老龄化的深度发展，我国老龄化也呈现新的特点，其中寿命的不断延长使得失能失智老年人占比不断提高就是其中之一。[1] 截至2015年，我国60岁及以上失智老年人口已达950万人。以往政府和学界对于失能老年人的关注和资源布局比较多，对于因认知能力不可逆损伤而导致的失智症（Dementia）关注并不很多。近年来，国家政策开始关注失智老年人的照护问题，[2] 北京市作为老龄化程度仅次于上海市的一个超大城市，其失智问题也日益严峻。

在2019年3月份北京市民政局召开的"失智老人照护及家庭支持体系研究"研讨会上，北京市民政局李红兵副局长就围绕北京市失智老年人的照护问题提出几点意见，一是这个问题很重要，养老机构在失智护理方面的相关服务标准、风险防控等都亟待建立和完善；二是上海市失智症研究较成熟，可利用比较法，比较分析哪种模式是北京市适合、已有的和不能实现的，从而提出落地建议；三是要以"底线思维"剥离出失智症带来的风险和重点关注问题严重的家庭，并做好患者和家庭对失智症的看法观念的转变等。

---

[1] 陆杰华、郭冉：《从新国情到新对策：积极应对人口老龄化的战略思考》，《国家行政学院学报》2016年第5期，第27~34页。

[2] 杜鹏、董亭月：《老龄化背景下失智老年人的长期照护现状与政策应对》，《河北学刊》2018年第3期。

（七）小结

从上述分析可见，相对于其他城市，北京市老年人对于养老机构的认知度是最高的，而且对于养老机构的评价也是非常积极的；北京市老年人选择养老机构进行养老的意愿是最高的，同时他们对于医养结合的要求也是较为突出的。北京市老年人可承担的养老机构费用集中在 2000 ~ 5000 元，总体上低于上海市老年人可以承担的费用，与广州市老年人的承担能力比较接近。同时，通过对老年人及其家庭进行访谈可知，北京市老年人对于照护失能失智老年人的机构需求意愿开始凸显，而这是之前在资源布局中没有特别引起关注的。

然而，需要注意的是，CLASS 调查中北京市的样本中农村老年人数量仅占约 2.00%，但事实上北京市农村老年人数量占老年人总数的 14.21%，[①] 所以这里分析的结果更多的是代表北京市城市老年人的情况，难以代表农村老年人的情况。从另外一个角度来看，北京市的养老困难最主要集中在城市老年人，这也与本报告的主旨相吻合。

三 从供给方看养老机构服务靶向[②]

上文分析了北京市老年人对于养老机构的需求倾向，那么目前北京市养老机构的供给情况是怎样的呢？在此，根据 2016 年北京市民政局对北京市养老机构进行普查的数据进行分析。希望通过供给和需求两方面的考察，了解当前北京市养老机构发展存在的问题和不足在哪里，将来应如何发展等。需要说明的是，2016 年普查时北京市养老机构数量为 460 家，最新数据显示 2018 年底已达 526 家。

---

① 洪小良、尹德挺、马小红：《北京人口发展研究报告（2018）》，社会科学文献出版社，2018，第 103 页。
② 感谢北京市民政局提供的"北京市居家养老相关服务设施摸底普查"的数据支持。

（一）机构类型及收住老人情况

普查时将养老机构分为19种类型，为了更集中地展示不同类型养老机构收住老年人的情况，在此将19种养老机构归纳为六类，即社会福利院/中心、养老院、托养型机构、护养型机构、服务型机构、公寓型机构，每种类型所包含的养老机构见。同时，表中统计了不同类型养老机构所收住的老年人的情况，总共收住40772位老年人，其中自理老人为13013人，半自理老人为13513人，完全不能自理老人为14246人，其中"入住老人总数"缺失值为3个，"自理老人数量""半自理老人数量""完全不能自理老人数量"的缺失值分别为3个、4个和3个。

从收住老人的规模来看，公寓型机构（老年公寓、温馨家园、老年乐/家园、颐养中心/乐园、养老有限公司及其他）收住的老年人是最多的，占到入住养老机构总人数的31.55%（12863人），其次是托养型机构（敬老院、老人院、光荣院），收住老人占比为25.99%（10595人），收住人数最少的是护养型机构（护养院/中心、护理院、康复中心），仅收住了1068人，占总收住人数的2.62%。这一结果固然与对养老机构的分类有关，但也体现了北京市养老机构的类型特征，"兜底式"和市场化的养老机构是两个主力，占比达到57.54%，最少的是护养型机构，仅占2.62%。随着人口老龄化的深度发展，老年人中带病带残的越来越多，老年人对于康复和护理的需求也会越来越多，大力发展护养型机构也是一种必然趋势。

从收住老年人的类型来看，收住自理老人最多的是公寓型机构，其次是社会福利院/中心和托养型机构，最少的是护养型机构；收住半自理老人最多的养老院，其次是护养型机构和社会福利院/中心，最少的是公寓型机构，但也达到了28%；收住完全不能自理老人最多的是护养型机构和服务型机构，最少的是社会福利院/中心。

表 11　北京市不同类型养老机构收住的老年人类型及数量

养老机构类型	数量（家）	自理老人 人数（人）	自理老人 每家机构平均值（人）	自理老人 占比（%）	半自理老人 人数（人）	半自理老人 每家机构平均值（人）	半自理老人 占比（%）	完全不能自理老人 人数（人）	完全不能自理老人 每家机构平均值（人）	完全不能自理老人 占比（%）	总计 人数（人）	总计 每家机构平均值（人）	总计 占比（%）
1. 社会福利院/中心	48	1691	35.23	35	1774	36.96	37	1332	27.75	28	4797	99.94	100.00
2. 养老院（含幸福院）	85	1854	21.81	24	3001	35.31	39	2865	33.71	37	7720	90.82	100.00
3. 托老型机构（敬老院、老人院、光荣院）	144	3425	23.78	32	3433	23.84	32	3737	25.95	35	10595	73.58	100.00
4. 护养型机构（护养中心、护理院、康复中心）	18	130	7.22	12	411	22.83	38	527	29.28	49	1068	59.33	100.00
5. 服务型机构（养老照料/服务中心、托老所）	72	877	12.18	24	1286	17.86	34	1566	21.75	42	3729	51.79	100.00
6. 公寓型机构（老年公寓、温馨家园、老年乐/家园、颐养中心/乐园、养老有限公司及其他）	93	5036	54.15	39	3608	38.80	28	4219	45.37	33	12863	138.31	100.00
总计	460	13013	28.29	32	13513	29.38	33	14246	30.97	35	40772	88.63	100.00

注：1. 数据来源于2016年北京市养老机构普查数据；2. 公寓型机构中的"其他"包括养老中心、养老机构及养老照料中心、护老院、养老服务有限公司各1所；3. 幸福院的数量为0。

（二）业务范围与养老服务内容

养老机构可以收住哪些类型的老年人是从侧面反映养老机构的服务供给，而养老机构可以提供哪些服务是直接了解养老机构服务供给的一种方式。此次普查数据还对北京市养老机构普查的业务范围和为老年人提供哪些服务进行了调查，在此进行分析和展示。

A 部分第 14 题调查了"本机构养老相关业务范围"，结果见表 12。可见，北京市养老机构可以提供 23 种业务内容，不同类型的机构各有侧重。生活服务和康护服务是大多数养老机构都提供的，约一半的养老机构提供居家生活照料服务和安宁服务。从机构类型来看，社会福利院/中心所提供的业务似乎更为全面。

F 部分第 11 题"本机构对入住老人提供哪些服务"。将提供的服务项目分为生活服务、健康服务、康护服务、医疗服务和其他五类，统计每种类型的养老机构开展相应服务的频次，结果见表 13。在生活服务上，六类机构提供服务的频次几乎达到了 100%；在健康服务上，社会福利院/中心和服务型机构提供的比例是最高的，健康管理服务的比例均超过 90%。在康护服务上，各类型机构超过 90% 都提供护理服务，但是提供康复服务和失智专业照护的比例则相对较低，社会福利院/中心和服务型机构提供的又是较多的。在医疗服务上，100% 的社会福利院/中心和约 90% 的其他类型机构都提供陪同就医的服务，但是提供医疗服务的机构相对少一些，即大约 80% 的护养型机构和公寓型机构可以提供，其他类型机构更少。在其他类型服务上，大约 90% 的机构可以提供休闲娱乐和心理慰藉服务，而提供临终关怀、法律援助和其他服务的较少。

（三）养老机构的医养服务概况

由第二部分可知，北京市老年人在选择养老机构时非常关心医养结合服务的情况，本报告根据养老机构普查数据又分析了养老机构的医养服务情

表12 北京市不同类型养老机构养老相关业务范围状况

单位：家，%

机构类型	机构数量	生活服务								康护服务			
		个人生活照料服务	居家生活照料服务	送餐服务	膳食服务	购物服务	洗衣服务	环境卫生服务	医疗保健服务	协助医疗护理服务	陪同就医服务	老年护理服务	安宁服务
1. 社会福利院/中心	48	48	23	44	48	45	48	47	36	47	48	47	38
		100	48	92	100	94	100	98	75	98	0	98	79
2. 养老院（含幸福院）	85	82	46	70	81	68	79	75	62	70	76	84	38
		96	54	82	95	80	93	88	73	82	89	99	45
3. 托养型机构（敬老院，老人院，光荣院）	144	141	65	107	141	121	138	139	89	115	131	139	80
		98	45	74	98	84	96	97	62	80	91	97	56
4. 护养型机构（护养院/中心，护理院，康复中心）	18	17	10	13	17	10	16	15	14	14	14	17	10
		94	56	72	94	56	89	83	78	78	78	94	56
5. 服务型机构（养老照料/服务中心，托老所）	72	71	57	60	69	59	62	63	51	61	68	70	36
		99	79	83	96	82	86	88	71	85	94	97	50
6. 公寓型机构（老年公寓，温馨家园，老年乐/家园，颐养中心/乐园，养老有限公司及其他）	93	90	59	79	92	76	86	90	76	77	81	90	37
		97	63	85	99	82	92	97	82	83	87	97	40
合计	460	449	260	373	448	379	429	429	328	384	418	447	239
		98	57	81	97	82	93	93	71	83	91	97	52

续表

机构类型	机构数量	心理/精神支持服务	休闲娱乐服务	教育服务	通信服务	安全保护服务	物业管理维修服务	咨询服务	交通服务	委托服务	相关第三方代理服务	其他服务
1. 社会福利院中心	48	45	47	39	45	48	43	43	37	38	13	0
		94	98	81	94	100	90	90	77	79	27	0
2. 养老院(含幸福院)	85	66	74	54	67	73	60	67	54	57	21	5
		78	87	64	79	86	71	79	64	67	25	6
3. 托养型机构(敬老院、老人院、光荣院)	144	104	135	88	125	133	115	113	95	87	28	2
		72	94	61	87	92	80	78	66	60	19	1
4. 护养型机构(护养院/中心、护理院/康复中心)	18	14	15	10	13	16	12	14	8	10	5	0
		78	83	56	72	89	67	78	44	56	28	0
5. 服务型机构(养老照料/服务中心、托老所)	72	65	67	48	55	61	48	59	45	46	12	1
		90	93	67	76	85	67	82	63	64	17	1
6. 公寓型机构(老年公寓、温馨家园、老年乐园、颐养中心/乐园、养老园有限公司及其他)	93	78	92	55	75	85	80	84	61	62	15	1
		84	99	59	81	91	86	90	66	67	16	1
合计	460	372	430	294	380	416	358	380	300	300	94	9
		81	93	64	83	90	78	83	65	65	20	2

注：每种类型养老机构及合计对应的第一行数字代表机构数量，第二行数字代表占比。下同。
资料来源：2016年北京市居家养老相关服务设施摸底普查。

典型大城市养老机构服务供需发展报告

表 13　北京市不同类型养老机构提供相关服务的频次

单位：家，%

机构类型	机构数量	生活服务		健康服务		康护服务			医疗服务		临终关怀	其他		
		生活照料	膳食服务	健康教育	健康管理	康复服务	护理服务	失智专业照护	医疗服务	陪同就医		休闲娱乐	心理慰藉	法律援助	其他服务
1. 社会福利院/中心	48	48	48	41	45	39	47	30	35	48	41	45	44	19	4
		100	100	85	94	81	98	63	73	100	85	94	92	40	8
2. 养老院（含幸福院）	85	84	83	64	75	53	82	46	64	75	55	77	73	34	3
		99	98	75	88	62	96	54	75	88	65	91	86	40	4
3. 托养型机构（敬老院、老人院、光荣院）	144	141	141	107	117	98	137	76	88	128	113	135	121	66	6
		98	98	74	81	68	95	53	61	89	78	94	84	46	4
4. 护养型机构（护养院/中心、护理院、康复中心）	18	18	18	13	13	12	17	11	15	15	12	15	16	6	0
		100	100	72	72	67	94	61	83	83	67	83	89	33	0
5. 服务型机构（养老照料/服务中心、托老所）	72	69	70	63	67	58	69	52	51	66	46	65	69	26	2
		96	97	88	93	81	96	72	71	92	64	90	96	36	3
6. 公寓型机构（老年公寓、温馨家园、老年乐/家园、颐养中心/乐园、养老有限公司及其他）	93	91	91	78	78	63	90	51	79	83	51	91	87	38	4
		98	98	84	84	68	97	55	85	89	55	98	94	41	4
合计	460	451	451	366	395	323	442	266	332	415	318	428	410	189	19
		98	98	80	86	70	96	58	72	90	69	93	89	41	4

资料来源：2016 年北京市居家养老相关服务设施摸底普查。

123

况。表14显示的是"本单位医疗机构设置情况"的结果。可见，具有医疗资质的机构数量仅有不到1/4，这其中公寓型机构的占比是相对较高的，达38%。关于医疗机构的类型，绝大多数是以"与医院等机构协议合作"的形式开展医养服务的，其次是设有"医务室或类似部门"，"独立设置门诊或者医院"的比例较低，这其中护养型机构的比例又是相对高一点的，达到了22%。

表14 本单位医疗机构设置情况

单位：家，%

养老机构机构类型	机构数量	医疗机构类型				具有医疗资质的机构
		医务室或类似部门	独立设置门诊或者医院	与医院等机构协议合作	其他	
1. 社会福利院/中心	48	17	7	36	0	9
		35	15	75	0	19
2. 养老院（含幸福院）	85	40	8	55	4	24
		47	9	65	5	28
3. 托养型机构（敬老院、老人院、光荣院）	144	41	4	92	3	14
		28	3	64	2	10
4. 护养型机构（护养院/中心、护理院、康复中心）	18	10	4	11	0	5
		56	22	61	0	28
5. 服务型机构（养老照料/服务中心、托老所）	72	42	9	47	2	21
		58	13	65	3	29
6. 公寓型机构（老年公寓、温馨家园、老年乐/家园、颐养中心/乐园、养老有限公司及其他）	93	57	10	47	1	35
		61	11	51	1	38
合计	460	207	42	288	10	108
		45	9	63	2	23

资料来源：2016年北京市居家养老相关服务设施摸底普查。

养老机构中不一定具有医疗资源，与医疗机构建立联系也是提供医养结合服务的一种方式。根据普查数据，我们还对养老机构与医疗机构建立联系的情况进行了统计分析，结果见表15。可见，约一半的养老机构"享受医院'绿色通道'"和"可以解决定点医保",两者兼具的数量大约为1/3。也就是说,目前北京的养老机构中有一半可以通过与医疗机构建立联系而确保医养服务。

表15 养老机构与医疗机构建立联系的情况

单位:家,%

机构类型	机构数量	可以解决定点医保	享受医院"绿色通道"	两者兼具
1. 社会福利院/中心	48	33	30	24
		69	63	50
2. 养老院(含幸福院)	85	40	44	24
		47	52	28
3. 托养型机构(敬老院、老人院、光荣院)	144	76	71	48
		53	49	33
4. 护养型机构(护养院/中心、护理院、康复中心)	18	13	13	11
		72	72	61
5. 服务型机构(养老照料/服务中心、托老所)	72	29	49	23
		40	68	32
6. 公寓型机构(老年公寓、温馨家园、老年乐/家园、颐养中心/乐园、养老有限公司及其他)	93	40	48	22
		43	52	24
合计	460	231	255	152
		50	55	33

资料来源:2016年北京市居家养老相关服务设施摸底普查。

(四)针对老年人开展的评估与服务

评估是养老机构提供专业服务的关键。根据普查数据,对各类养老机构在老人入住时对老人进行能力评估的情况进行了统计分析,如图1所示。可见,绝大多数机构是采用《老年人能力评估》对其进行评估的,只有少数采用了其他评估方法,值得关注的是还有一部分并没有专门进行评估,这其中托养型机构未评估的比例是最高的,超过了1/5(22.48%),其次是护养型机构,为17.65%。

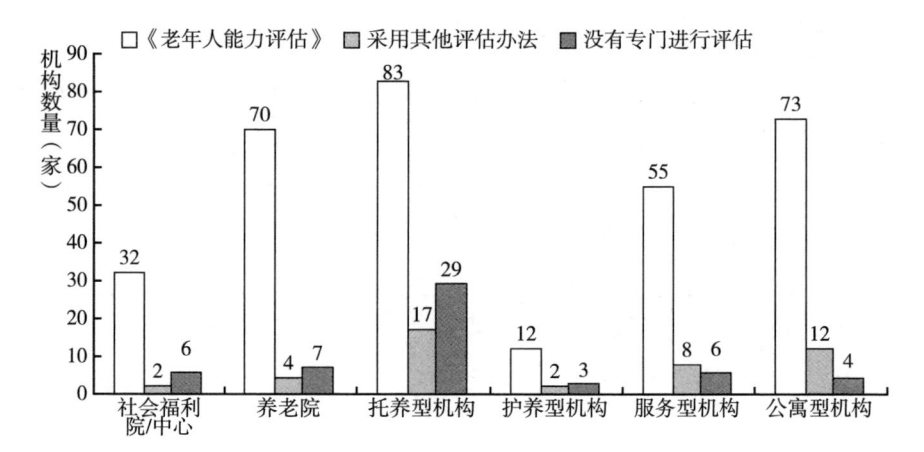

图1 北京市养老机构开展能力评估的情况

相对于一般的失能情况，对于失智老人的评估则更为专业和必要。图2显示的是养老机构是否对老年人开展失智评估的情况，可见大多数养老机构并没有对失智老人做过专业评估。在问卷中还设置了追问题目，其中提到采用什么方法进行失智评估，即 MMSE、MoCA、HDS-R、CDR、CMAI、NPI以及机构自制量表。进一步分析显示，在对失智老人进行评估的养老机构中约48.18%采用了MMSE简短智能测试量表，24.09%采用的是机构自制量表。

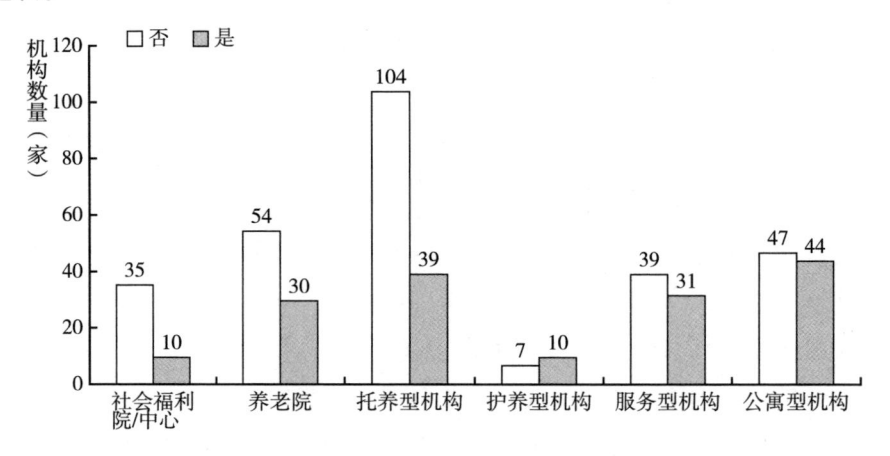

图2 北京市养老机构开展失智老人评估的情况

四　四个大城市养老机构实践经验

北京作为一个超大城市，其养老机构的发展形式也是多种多样的，正如一位资深养老机构研究专家曾说的：北京的养老机构可以说是全国的一个缩影，其他城市的养老机构发展模式在北京几乎都可以找到，想要照搬其他城市的养老机构发展模式几乎是不可能的。北京养老机构发展要做的是在现有基础上不断地加以完善，推进其向高质量发展。从目前四个城市的发展来看，还是有一些发展思路可以供北京来借鉴的，主要有以下几点。

（一）居家老人照护的"长者照护之家"：上海的经验

长者照护之家是上海作为超大城市探索积极应对人口老龄化的重要成果，自2014年开始试行，目前已建有127家社区长者照护之家，[①] 基本实现中心城区和郊区城市化地区的全覆盖。长者照护之家创建的目的在于"鼓励街镇因地制宜，盘活资源，推进养老服务设施建设，探索满足老年人就近照护需求的养老服务新模式"。上海市民政局在出台的《长者照护之家试点工作方案》中将其定位为"为老年人就近提供集中照护服务的社区托养设施。采取小区嵌入式设置，辐射周边社区……"。在具体做法上，一般通过改造利用社区现有公共设施或闲置物业资源，以"嵌入式""多功能""小型化"创建社区托养机构，为老年人就近提供便利的养老服务，通常既能提供短期住养服务，又能提供日间照料服务，还能为居家养老提供专业服务和支撑，有点类似北京的养老驿站，但又不同。

1. 概况

·规模。床位规模为10~49张，总建筑面积在300平方米以上，床均建筑面积不低于18平方米，居室单床使用面积不低于5平方米。

---

① http：//www.360doc.com/content/19/0602/07/41453678_839745321.shtml.

·入住对象。60岁及以上，有基本自理能力，家中临时无人照护希望短期寄养、因病需要短期康复并能够恢复自理的老人以及体验试住的老人。

·入住时间。一般为短期入住，3~6个月。

·收费标准。床位费为3000元左右，但各个长者照护之家存在差异。

·服务内容。（1）为经老年照护统一需求评估为三级以上的老年人提供机构住养，收住四级及以上老年人不少于总床位数的60%；（2）为大病出院仍需康复护理或家属需要喘息服务的老年人提供短期寄养服务；（3）为未入住机构的社区老年人提供相当于机构专业水准的上门照料、护理服务，其他可延伸至社区、居民家庭的为老服务，如家庭护老者培训等。

·扶持政策。上海对长者照护之家给予一次性建设补贴和运营补贴。

·运营模式。（1）自主运营；（2）由有养老机构运营经验、居家养老服务经验的社会组织或企业等运营；（3）公建民营等方式。

2. 特点

·就近服务。长者照护之家可以说是老年人家门口的"全日制"微机构，"嵌入式""多功能""小型化"，满足老年人的不同需求，养老不离家，方便儿女经常探望，同时缓解了长期照护者的压力。

·智能化服务。长者照护之家充分利用智慧产品的优势，基本实现了智能化服务，比如采用智能床垫记录夜间心跳、呼吸、翻身次数、离床时间，便于管理方掌握老人的睡眠和健康状况；入口处设有电子屏幕，可显示老人入住时各项情况及每天的睡眠质量；每个老人配备电子手表，圈定电子栅栏，老人离开限定区域就能报警；老人的床头配备全程健康宝，可远程连接到门诊，便于身体不舒服时实时咨询医生，同时也可连接至子女的手机，方便亲人之间视频远程对话；等等。

·与长期护理保险相结合。上海是长期护理保险的试点城市，长期护理保险推广试点也在长者照护之家进行，目前已有超过一半的长者照护之家实现了长期护理保险制度的覆盖。

与北京养老驿站相比，长者照护之家打通了长期护理保险制度，这就为它承担起失能老人的照护职责奠定了重要基础，而且也是这种小型机构养老模式得以持续发展的关键所在。

（二）失智老人照护的服务体系：上海模式[①]

如上文所述，失智老人的照护问题已经引起北京市政府的高度关注，但是如何推进机构养老服务的发展仍在探索当中。上海市在失智群体的照护方面已经做出了一些探索，希望能为北京市养老机构推进失智老人照护提供一些思路。

1. 概况

· 做法。针对认知症（失智）老人身心特点和照护需求，在养老服务机构内改建认知症照护单元或新建养老机构作为专门的认知症照护机构，通过居家式、人性化的空间布局重构，提供专业照护服务，让认知症老人得到更加个性化、有尊严的专业服务。统计显示，目前在上海市620家养老机构中收住认知症老人的为286家，占比达到了46.13%；127家长者照护之家中有54家收住认知症老人，占比达到了42.52%。[②]

· 规模。采取"小单元"模式，每单元6~18床，每家机构可根据场地条件设置1个或多个单元。

· 对象。本市户籍的60岁及以上、经统一需求评估和认知症专项测评后符合机构入住要求的老年人。

· 服务。日常生活照护、失智专业照护、老人生活自理能力训练、精神支持、社会交往等专业性、全方位服务。

2. 失智照护服务体系

从社区"小剖面"入手，率先探索打造"分层分级的失智症照护体系"，构建"前期筛查—社区预防—家庭支持—专业干预—照护机构入住"的闭环，构建分层分级失智症照护体系。具体如下：

[①] 参考北京协力人口与社会发展研究所相关资料。
[②] 上海市养老服务平台数据。

·前期筛查。对各个街道的老年人进行筛选和评估。

·社区预防。打造失智症友好社区，宣传普及失智症知识、社区养老服务中心设立"记忆家"、发动社会组织参与对失智症群体的支持。

·家庭支持。照护技能培训、培育和发展失智症家庭的社区自组织、进行相关知识的普及宣传。

·专业干预。专业医疗康复机构开展失智的诊断和治疗。

·照护机构入住。增建失智护理床位，提高机构失智照料能力。

3. 经验小结

·加大宣传力度，提高社会认知度，消除恐惧感。

·加强跨部门联动，完善相关的政策，民政、卫健、财政、发改委、城建、人社、交通、银行等多部门联合起来共同发展。

·制定针对失智症的统一的评估标准，纳入老年照护统一需求评估当中，把失智老人放入服务框架。

·完善服务体系建设，分级分类管理，加强人员培训。区分轻度患者和重度患者，区分居家照护、机构照护和社区照护。

·制定相关准入和服务标准，包括制定收费标准。

·增加对非正式照护的支持，给予照顾失智症的家属更多支持，促进社会和谐。

（三）关注并努力满足特殊老年群体需求：广州的做法

广州市比较关注对老年人群体进行细分，比如托底保障群体、困境保障群体、重点保障群体、一般保障群体，从而分类保障不同老年人的服务需求。针对两类群体的做法，北京市可以参考。

1. 失独老人

失独老人养老问题一直是近年来政府工作和学术领域关注的热点。[1] 卫

---

[1] 谢勇才：《老龄化背景下失独家庭养老模式向何处去》，《东岳论丛》2016年第8期，第17~24页。

生部数据显示：中国15~30岁的独生子女总人数约有1.9亿人，而这一年龄段的年死亡率为万分之四。也就是说，每年约产生7.6万个失独家庭。按此统计，中国的失独家庭已超百万个，而50岁以上的失独者群体在不断扩大。对于健在子女数量偏少的北京市来说，如何破解失独老人养老困境也是当务之急。广州市率先在养老机构中突破了这一点，开放了专门的床位接收失独老人入住。

2015年，广州市民政局明确提出要"根据现行政策，失独老人可以优先轮候入住我市的公办养老机构。广州市老人院设置专区，专门服务于有需求的失独老人"。广州市老人院就开设了"失独专区"，共有25个房间，每间房提供2张床位，共50张床位。网上轮候系统，只要年满60岁的本地户籍老年人，都可以通过广州市公办养老机构网上轮候平台进行申请，而失独老人会被纳入"优先轮候通道"，如递交申请可以提前安排轮候入院；同时，失独老人通过轮候入住市老人院后，并非一定会被安排到"失独专区"，如果老人愿意和其他老人一起生活，也可以选择到普通院区居住。关于费用，一位失独老人如果生活能够基本自理、在院就餐、入住两人间的话，每月的费用将不超过2000元。

针对失独老人北京市也出台了一系列政策，比如开展定期巡视探访服务、养老服务补贴倾斜、免费适老化改造、家庭补助等，2019年又提出"政府要聚焦'三失一高一独'老年群体需求"，满足他们的需求。关于失独老人入住养老机构，2016年政府就提出要将第五社会福利院改造为专门接收失独老人的养老机构，但具体操作过程和实施效果还存在一些问题，可以参考广州市的做法。

2. 高龄重度失能老年人

长期以来，高龄老人因其具有较高的疾病风险，而成为保险市场的"不良客户"。广州市是长期护理保险制度试点城市之一，在政府部门和保险公司的共同努力下，近来广州市为高龄重度失能老年人提供了购买商业保险服务的机会。2019年7月9日，广州市民政局发布了《广州市高龄重度失能老年人照护商业保险服务指南》，下文内容即来自该文件。[1]

---

[1] http://www.gzmz.gov.cn/gzsmzj/fwgk/201907/b1979fd1570043b59f637529c7ddc95c.shtml.

•保障人群

享受高龄重度失能老年人照护商业保险保障人群（以下简称服务对象）应当同时符合以下条件：

◇参加广州市城乡居民医疗保险；

◇具有广州市户籍；

◇年满80周岁及以上；

◇居住在本市行政区域内，已与广州市高龄重度失能老年人照护商业保险定点服务机构签订服务协议；

◇因年老、疾病、伤残等原因，生活完全不能自理已达或预期将达六个月以上，病情基本稳定，日常生活活动能力评定（Barthel指数评定量表）不高于40分（含40分）；或经本市二级以上（含二级）社会医疗保险定点医疗机构中的精神专科医院或综合性医院神经内科诊断为痴呆症（中、重度）且参保人员日常生活活动能力评定（Barthel指数评定量表）不高于60分（含60分）。

有下列情形之一的不予受理高龄重度失能老年人照护商业保险申请：

◇患有急需治疗的各种危重疾病，病情不稳定的；

◇患有重度精神类疾病的；

◇参保人员出现高龄重度失能老年人照护商业保险资金不予支付情形的；

◇距上次评估不通过结果做出之日起不足半年，且参保人员病情及日常生活活动能力无明显变化的。

•保障标准

属于高龄重度失能老年人照护商业保险资金支付范围和支付标准以内的基本生活照料费用及经核定的医疗护理费用，在扣除其他保障制度（社保、第三方资助等）已支付待遇后，居家护理按照85%的比例予以支付，机构护理按照70%的比例予以支付，不设起付线，高龄重度失能老年人照护商业保险资金每人每月最高支付500元。对于符合长期照护服务项目清单的服务项目，定点服务机构在与失能人员结算时应采取直接减免方式结算。

已经享受《广州市人民政府办公厅关于印发广州市社区居家养老服务管理办法的通知》的服务对象，可依照本方案同时享受高龄重度失能老年人照护商业保险。已经按照相关规定免费入住养老机构的"三无"老年人、"五保"对象老年人和按照本市城镇最低生活保障标准收取基本养老服务费用的低保、低收入困难家庭的失能、高龄老人，不能同时享受高龄重度失能老年人照护商业保险。

（四）以评估为抓手提高保障效率：上海的经验

老年照护需求评估是社会养老服务体系建设的重点，也是完善机构养老服务和推进长期护理保险制度的关键。上海市的老年照护需求评估，经历了由非照料需求评估到以照料需求评估为导向的发展过程，同时也是上海市在老年人照料理念方面不断突破、创新、完善的过程。

20世纪90年代，上海市民政局先后制定了《养老护理标准》和《上海市养老机构管理和服务基本标准》，按生活能力、所患疾病等对入住养老机构的老人进行评定，以此作为收费和提供相应服务的依据。2003年，又开发了《上海社区居家养老服务需求评估标准》，评估申请居家养老服务补贴老人的身体状况。2004年和2005年，又创新开发出符合市情、较为规范的《上海市老年人照料需求评估标准》。评估标准、评估环境和民众对于评估的认可逐渐形成。

经过多年的发展，上海市老年人照护需求评估日臻完善，而且在养老机构和居家养老服务中得到了较好的运用。2018年，上海市人民政府办公厅印发了《上海市老年照护统一需求评估及服务管理办法》，主要围绕部门职责、评估机构要求、评估人员、评估行为规范、评估方法、评估申请、受理和审核、评估开展、结论告知、评估结论、结论有效期、结论复核和终核、评估费用、服务提供、服务计划、服务费用、评估与服务监管、信息系统、信息保密、其他等诸多方面进行规定。同年，上海市卫生和计划生育委员会、民政局、人力资源和社会保障局及医疗保险办公室等又联合出台了《上海市老年照护统一需求评估标准（试行）》，这也是目前上海市有效配置养老服务资源的重要抓手。

另外，2015年上海市开始试点对养老机构进行评估，2016年起在全市推开养老机构等级评定（三级为最高，依次为二级、一级）。2018年，上海市全面提高养老院服务质量，完成了养老机构服务质量检测评价指标的开发，从服务的提供、保障和安全指标中筛选出90项评价指标，探索建立了《养老机构服务监测评价指标体系》，围绕注重服务现场监测、注重运用大数据监测和注重结合第三方监测三个方面开展，委托独立专业的第三方机构开展了2018年养老机构服务质量测评和评价，监测评价结果将向社会公布。北京市从2019年也开始施行《北京市养老机构服务质量星级评定实施办法（试行）》，并且在北京市确定将为全市养老机构"评星"的同时，全市700余家养老驿站也将被纳入评星体系，这意味着，未来北京市所有养老服务机构将全面实施星级评定制度。

五 北京养老机构高质量发展的对策建议

（一）加大护养型（康复和护理）养老机构建设和扶持力度

一方面，进一步加大护养型养老机构和护养型床位的建设和扶持力度。2015年，北京市印发《关于深化公办养老机构管理体制改革的意见》，其中提到公办养老机构优先接收政府兜底的保障对象，到2020年逐步将公办养老机构中专门接收失能老人的护养型床位提高到八成以上。在2017年发布的《北京市基层公办养老机构建设资助工作实施办法》中提出"现有或经资助建设后的养老床位，80%以上应具有护养功能"，这是对护养型机构或床位建设的扶持。而且，2016~2017年，北京市还分期分批推动了部分公立医疗机构向康复机构转型。

另一方面，努力使护养型机构或床位与长期护理保险制度相结合。财政补贴只是护养型机构或床位的一个方面，要想可持续发展，护养型机构或床位就需要理顺财金链条，而上海市的长者照护之家的经验就提示我们长期护理保险制度可能是护养型机构或床位得以持续运营和发展的重要支持。李克强总理在2019年"两会"时提出要增加长期护理保险制度试点，目前北京市仍然不是长期护理保险制度的试点城市，希望今后长期护理保险方面的努力与护养型机构或床位发展相结合，以险促建，着力满足北京市老年人的护养需求。

（二）关注失智老人，加快发展专业化的失智照护服务机构

第一，要加强对老年群体的失智状况筛查。北京市2019年最新颁布的《北京市老年人能力综合评估实施办法（试行）》提出，可以通过综合评估得出老年人的认知失智状况，民政部门应全面掌握参评老人的认知失智状况，并根据人口发展状况做好认知失智群体的预测。同时，也要根据全国大型老年调查（如CLASS、CHARLs、CLHLS）在北京的抽样调查数据，特别是要利用CHARLs调查样本延伸到45岁的优势，把握北京市中老年群体的认知失智状况，从而为政府决策提供重要依据。

第二，要抓紧构建失智老年群体服务体系。一方面，政府部门要做好顶层设计，逐步建立起专业化的预防和服务体系，参考日本所做出的探索形成北京市的方案；另一方面，要完善失智老人家庭成员支持政策。在全社会普及认知症知识，提高家庭成员对于认知症的科学认知，利用社区资源为家庭成员提供照护认知症老人的相关培训，并且把认知症老人的照护者纳入喘息服务范畴。更为重要的是，作为老年人平均受教育程度最高的一个城市，北京市应站在保护人力资源的视角下建立"预防为主、治疗为辅"的理念，在全社会倡导脑保护的行动计划。

（三）加快完善社区居家小型多功能失能老人照护服务机构

居住在家且享受优质的机构养老服务资源是北京市很多老年人的一种愿望，目前养老驿站虽然可以为老年人提供日间照料、呼叫服务、助餐服务、健康指导、文化娱乐和心理慰藉六类服务，但在调研过程中发现很多养老驿站并没有实现较好的日间照料服务，特别是在农村地区。随着人口老龄化的

深度发展，居家老人对于失能照护的需求也会不断增加，借鉴上海市的经验，可以在老年人口密度较高或者其他类型养老机构并不便捷的地区，着力将养老驿站提升为小型多功能失能老人照护服务机构。一方面，要进一步夯实重点养老驿站照护失能失智老人的基础设施；另一方面，要不断提升其失能失智照护的专业化水平，并在未来可能的长期护理保险试点中将其纳入制度范畴，推进其可持续发展。

另外，要加快落实2019年出台的《北京市老年人能力综合评估实施办法（试行）》，建立健全老年人能力评估和需求评估的体制机制，建立老年人评估与养老机构的发展联动机制，使其切实成为养老机构资源和养老服务补贴配置的有力工具，同时相关部门要对评估状况进行动态的再评估，确保其科学高效。

B.6 主要发达国家长期照护筹资与服务发展报告

张立龙 韩润霖*

摘 要： 本报告依据Esping-Andersen和相关学者对福利国家体制的经典划分，着重梳理了自由主义福利国家模式（以英国为例）、法团主义福利国家模式（以德国为例）、社会民主主义福利国家模式（以芬兰为例）、东亚福利国家模式（以日本和韩国为例）的长期照护筹资制度与服务体系，总结了福利国家长期照护筹资制度和服务体系建设的国际经验，并据此提出对中国长期照护筹资和服务体系建立的借鉴意义。

关键词： 长期照护筹资 长期照护服务 福利国家 照护给付

随着人口老龄化加剧，失能老年人口数量的快速增加正在成为现代社会面临的社会风险。与养老、医疗、失业等传统社会保障相比，各国提供的长期照护保障还处于较低的水平。国际劳工组织的数据表明，在占全世界人口80%以上的46个主要国家中，仅约5.6%的人群享有法定的长期照护保障，各国用于长期照护保障的公共支出不足GDP的1%。[1]

---

* 张立龙，中国社会科学院农村发展所博士后，首都经济贸易大学劳动经济学院讲师，研究方向为人口老龄化、社会保障；韩润霖，中国社会科学院研究生院博士研究生。

[1] Xenia Scheil-Adlung, "Long-term Care Protection for Older Persons: A Review of Coverage Deficits in 46 Countries," International Labor ESS-Working Paper No. 50, international labor organization, 2015, http://www.ilo.org/secsoc/information-resources/publications-andtools/Workingpapers/WCMS_407620/lang-en/index.htm.

在多数国家，65岁及以上需要照护的人群大都由于较高的照护支出而面临陷入贫困的风险；2015年全球正式照护者的缺口为1360万人，长期照护者的严重短缺使得全球大部分65岁及以上老年人口无法获得优质服务。

面对失能老年人照护问题的挑战，人口老龄化程度较严重的发达国家率先探索了适合本国的长期照护保障制度。Bettio和Plantenga[1]认为照护体制是各国政治、经济、社会制度的结构性结晶体，反映出一个国家特定的历史文化发展脉络，表达出特定的家庭－市场－国家的三角关系。[2] Esping-Andersen[3]根据不同国家福利制度所带来的社会权（social right）和去商品化（de-commoditization）程度的不同，以及社会福利在国家、市场、家庭之间责任分担的不同，将福利国家体制分为三种类型：自由主义福利国家模式；法团主义福利国家模式；社会民主主义福利国家模式。[4] Esping-Andersen对于福利国家体制的经典划分已经成为福利国家体制比较的基础。在其之后，学者又分辨出了南欧、东中欧[5]、东亚等福利国家模式。作为福利国家制度的一部分，家庭政策遵循不同的设计逻辑，进而衍化出不同的长期照护制度。本报告将基于Esping-Andersen和相关学者对福利国家的经典划分，介绍不同福利国家的长期照护筹资制度和长期照护服务体系。其中，

---

[1] Bettio, F. and J. Plantenga, "Comparing Care Regimes in Europe," *Feminist Economics* 2004, (10): 85–113.

[2] 刘香兰、古允文：《儒家福利体制真的存在么？以台湾照护责任部门分工为核心的分析》，内部讨论会稿件，2014。

[3] Esping-Andersen, G., *The Three Worlds of Welfare Capitalism* (Cambridge: Polity Press, 1990).

[4] Esping-Andersen对于福利国家体制的划分，在一定程度上遵循了Titmuss（1974）对福利国家的经典分辨，通过比较不同国家的社会政策，Titmuss将福利国家体制分为三种：补缺式（residual model）、行业表现式（industrial achievement-performance）、制度再分配式（institutional redistributive model）。

[5] 本报告认为南欧、东中欧的长期照护制度的代表性较差。类似于自由主义福利国家的长期照护制度，东中欧的长期照护属于社会救济体系的一部分，多采用资格－审查模式，且遵循家庭主义原则，公共服务的提供只作为家庭之外的补充。而南欧福利国家的长期照护制度表现出碎片化特点，其照护者津贴通过税收融资，采用需求资格－审查的方式，获得者需要有失能证明。

自由主义福利国家以英国为例,法团主义福利国家以德国为例,社会民主主义福利国家以芬兰为例,东亚福利国家以日本和韩国为例。

一 自由主义福利国家的长期照护制度——以英国为例

自由主义福利国家以 Anglo-Saxon 国家为主,包括美国、英国、澳大利亚、加拿大等信奉自由主义的国家。其福利制度表现为资格－审查（mean-tested）的社会救助模式,主要迎合低收入者的需要。[1] 这种福利体制下的家庭政策具有鲜明的"自由主义"特点:政策更加倾向于鼓励市场基础的个人主义,认为"满足个人需要最恰当的途径是私人市场和家庭,只有在二者失效后,国家才能实行针对家庭的计划"[2]。因此,自由主义福利国家的家庭政策多是边缘化的,有选择地（资格－审查式）向符合条件的家庭提供支持。作为家庭政策的一部分,自由主义福利国家倾向于将家庭照料责任推向市场,对长期照护的支持采用资格－审查模式,仅覆盖收入和资产低于某水平的家庭。英国是自由主义福利国家的典型代表。

（一）英国的长期照护筹资制度

20世纪60年代,英国即已通过税收优惠和收入补偿机制,支持有照护需求的家庭。1976年英国建立了"病弱照护津贴"（Invalid Care Allowance）,从经济上鼓励单身女性为其父母提供家庭照护,其后,"病弱照护津贴"更名为"照护者津贴"（Care's Allowance）,津贴覆盖的范围和内容较之初建时更加广泛。英国的长期照护津贴制度采用资格－审查的社会救助模式,资金主要来源为政府税收（包括地方政府税收和中央政府税收）。[3] 在照护者津贴资格认定上,并非所有有照护需求的群体均可获得照护津贴。地方自治

---

[1] Esping-Andersen, G., *The Three Worlds of Welfare Capitalism* (Cambridge: Polity Press, 1990).
[2] Esping-Andersen, G., *The Three Worlds of Welfare Capitalism* (Cambridge: Polity Press, 1990).
[3] NHS支持的相关照护服务由中央一般税收融资,照护津贴与照护者津贴则由地方政府筹资。

体首先对有照护需求的家庭进行资产评估,根据家庭收入情况和被照护者的健康水平给予照护者津贴。65岁以上的老年人在经过地方政府相关机构进行的长期照护需求的评估和收入、资产审查后,由地方政府确定长期照护服务是由地方政府全额还是部分资助。以2013年为标准,如果老年人的个人收入低于14250英镑/年,照护服务费用则全部由政府买单;如果老年人的收入在14250英镑/年至23250英镑/年,老年人则需要支付部分照护服务费用;如果老年人的个人财产在23250英镑/年以上,则需要完全自费购买照护服务。① 2012年,月均照护者津贴标准为300欧元,同时接受照护者津贴的个人每周提供照护服务的时间不得少于35小时,个人每周收入不得高于125欧元。照护者津贴被英国工作和养老部视作对照护者的收入补偿而非照护工资。如果照护服务提供者处于求学阶段,每周提供照护的时间不得低于21小时。② Fry的研究结果还显示,自2004年以后,通过地方自治体照护评估的人数越来越少,2011年,仅有50万名处于工作年龄的照护者获得照护者津贴。③ 同时照护者津贴的数量并不足以替代原来的工作收入,许多照护者不得不依赖其他的社会保障项目或者弹性就业维持生存。除照护者津贴之外,还有照护津贴(Attendance Allowance)待遇资助,主要是基于功能障碍及其照护需求状况提供日间或夜间照护,无须进行资格审查。

(二)英国的长期照护服务体系

英国自20世纪90年代开始在社会服务领域,鼓励私营部门和非营利组织参与照护服务的提供,政府则应尽量减少充当服务提供者的角色,而是作为政策制定、监管、评估和购买服务的角色。现如今,政府提供的服务比例越来越小,越来越多的养老服务由养老服务机构和慈善组织提供。2000年,

---

① 柴化敏:《英国养老服务体系:经验与发展》,《社会政策研究》2018年第3期。
② Fry, G., Singleton, B., Yeandle, S., and Buckner, L., *Developing a Clear Understanding of the Cares' Allowances Claimant Group* (London: DWP, 2011).
③ DWP (Department for Work and Pensions), "Cares Allowance Quarterly Statistic (Carers Allowances Cases in Payment)," DWP tabulation tool, 2012, Http://research.dwp.gov.uk/asd/index.php? page = ca.

英国政府构建了一个全国性的照护服务体系，通过给予地方自治体专项拨款（care grant），监督地方自治体发展喘息性服务和地方照护者支持网络。[1] 2004年以后，英国政府正式通过了"照护者法案"（Carers Act），从法律上进一步明确照护者的社会角色，地方社会服务机构明确给予照护者支持，协助照护者完成"照护"和"就业"的双重目标。到2007年，在国家层面建立起了照护者常务委员会，进一步监督地方自治体对照护服务项目的执行。2010年以后，英国照护制度向"以需求者为中心"转化，强化需求者的自主选择能力（enabling the demand），同时在支付制度上也进行了微调，建立了个人预算账户（personal budget）。综合来看英国照护政策的发展脉络，从最初地方碎片化的照护政策上升为国家统一的照护法案，从被动的照护扶持到赋予照护自主选择的权限，英国已经基本形成一套成熟的照护体制和机制。

整体来看，英国的照护机制并没有脱离"自由主义福利体制"的特征。英国国会的一项研究报告也显示，照护津贴对于降低照护者贫困的作用很微弱。20世纪90年代以后，英国开始在机构养老服务中引入"市场机制"，导致提供照护服务的公立养老机构越来越少，到2008年，只有6%的照护之家（care homes）由地方议会所有。由于市场定价因素，入住机构的老人越来越少。2000年末，65岁至85岁老年人口中仅有4%的老年人选择入住机构养老，85岁以上老年人口中只有16%选择入住机构养老。总体来看，英国的照护服务重心逐渐从机构向社区和家庭转移。2000年以后，一些地方自治体启动了地方照护服务战略，通过与独立的非营利组织合作（Carers' Center），提供社区照护支持性服务，比如喘息服务（respite service）、照护假期、支持者群体、健康体检、培训等。[2] 2006~2007年度，英国地方自治体分配了5500万欧元的资金投入地方照护服务组织中。2013年以后，政府启动个人预算账户，接受居家养老服务的老人可以根据个人预算获得居家养

---

[1] Clements, L., *Cares and Their Rights* (4th edition) (London: Carers UK, 2010).
[2] Yeandle, S. and Wigfield, A. (eds.), *Training and Supporting Carers: The National Evaluation of the Caring with Confidence Program* (Leeds: CIRClE, University of Leeds, 2012).

老服务包（home care package），但是接受居家养老服务的老人需要共付和自付大部分照护服务费用，从这一点来看，英国总的照护服务模式始终没有摆脱自由市场经济的"补缺式福利"原则，政府的政策对象始终面向最底层的社会群体，而大部分老年群体仍然需要从市场化的组织或机构中获得老年照护服务。

二 法团主义福利国家长期照护制度——以德国为例

法团主义福利国家大都是俾斯麦式（Bismarkian）保守主义的强制性社会保险模式。法团主义福利国家遵循"天主教的辅助性原则"，只有当家庭无法提供彼此之间的保护时，较高层和较大范围的社会集体力量才应介入。① 因此，家庭在社会服务的提供中处于中心地位。国家则尽力维持家庭的功能，强调传统家庭的作用，社会政策设计是为了维持甚至强化男性主导的以职业为基础的社会福利模式。法团主义福利国家陆续实行了长期照护的社会保险模式。这一政策模式大多是在健康保险（health/medical insurance）下建立了一个长期照护保险，在雇主和被雇佣者的公共缴纳的基础上，形成一个稳定的资金来源。这些国家都有着较高的健康保险的覆盖率，因此长期照护保险覆盖了几乎全部的人群。福利提供不考虑个人的收入状况及对个人进行资历审查，而是根据一定的标准对个人的失能程度进行评估，因此，对长期照护有需求的个体可以根据不同的失能等级而得到相应的福利（benefits）。这种长期照护的保险模式以现收现付制为主，并且不同的国家在实施的细节上也存在一些差异。本报告将以德国的长期照护社会保险为例，对该模式进行介绍。

在推行长期照护保险制度前，德国健康保险基金以社会救助的形式对老年人长期照护费用提供有限的支持。按照1961年德国颁布的联邦社会救助法案，只有在最基本的照护服务都不能得到满足时，需求者才能获得相关社

---

① Esping-Andersen, G., *The Three Worlds of Welfare Capitalism* (Cambridge: Polity Press, 1990).

会救助计划的支持。同时，由于州政府是社会救助成本的主要承担者，长期照护救助支出的快速增加使得德国州政府面临越来越大的财政压力。① 此外，由于通过社会救助接受长期照护的受益者范围非常有限，失能老人主要接受由家庭照护者提供的非正式照护，家庭照护者的正常工作被打断，财务状况恶化，政府对于非正式家庭照护者的支持还相对较少，家庭照护者承担着心理和身体上的沉重负担。越来越多的女性选择就业，使得愿意承担照护责任的家庭成员越来越少，致使部分需要照护的老年人不得不接受机构照护。然而，由于平均养老金水平远低于在照护机构接受照护的支出，80%生活在照护机构的老年人与其家人无力承担全部的照护费用。在这一背景下，德国议会于1994年通过了《长期照护保险法案》，提出要建立一项新的长期照护保险计划。

（一）德国长期照护筹资制度

在德国，现行的照护保险体系实行的是"照护保险跟随医疗保险"的原则，即所有居民都应参加一项长期照护保障计划，但职业和收入的不同使得参与长期照护保险的类别存在差异；参加法定医疗保险的公民加入长期照护社会保险，参加私人医疗保险的人则自动参加私人照护保险。德国的长期照护保险计划可分为法定长期照护保险和私人长期照护保险。

除公务员等特殊职业适用其独特的长期照护保险外，凡收入未达到法定健康保险投保门槛者（2012年为58500欧元/年）须依法加入法定长期照护保险（超过门槛者，则加入私人长期照护保险）。法定长期照护保险费用由雇主和雇员共同缴纳。1995年1月1日到1996年6月30日法定长期照护保险的保险缴费率仅为1%，此后保险缴费率提高到1.7%，雇主和被保险人各承担一半。2004年4月1日起，退休人员不再像在岗人员那样，自己仅缴纳50%的保险费，另外50%由养老保险基金支付，而是需要承担全部保

---

① 20世纪70年代以来，德国的长期照护需求快速增长，通过社会救助获得长期照护服务的人数由1970年的26万人增加至1990年的54.6万人。1992年，德国社会救助体系支出426亿马克，其中147亿马克（约占34.5%）用于照护救助。

险费。自2005年开始，满23岁但无子女的被保险人须另外独自缴纳0.25%的工资作为附加保险费。2008年7月，法定长期照护保险缴费率提高至1.95%，无子女者的保险缴费率相应提高至2.2%；2014年，这一缴费率再次上调至2.35%，无子女者则提高至2.6%。2017年，法定长期照护保险缴费率进一步提升至2.55%，无子女者的缴费率也相应达到2.8%。据统计，2016年德国法定长期照护保险的参保人数达5516万人，占德国总人口的75%左右。

收入高于健康保险投保门槛者可参加私人长期照护保险，这部分人群占总人口的比重约为10%。据统计，2016年私人长期照护保险的参保人数为937.51万人，保费收入达21.85亿欧元（见表1）。与法定长期照护保险不同，私人长期照护保险采取的是基金积累制。保险缴费率取决于被保险人的年龄，且保费与工资收入成正比。

表1 德国私人长期照护保险参保和受益情况

单位：万人，百万欧元

年份	2010	2012	2013	2014	2015	2016
被保险人	959.20	961.96	953.75	947.27	941.36	937.51
保费收入	2096	2010.7	2062.1	2013.6	2196.1	2185

（二）德国长期照护服务体系

1. 长期照护服务需求的评估

医疗审查有限公司（Medicproof GmbH）负责评定私人长期照护保险申请人资格，为参加私人长期照护保险的失能老人提供评估服务。申请人的照护等级评估分为三个等级。[①]（1）一级：最低级别，照护对象是有显著照护需求的人群，在个人卫生、营养摄入或行动方面至少有两项活动每天需要一

---

① 2015年，德国进一步细化失能评定标准，新标准综合了精神正常的失能人员与失智人员的评定标准，将三等级扩展为"五等级"，即零级、一级、二级、三级、"困难案例"，并于2017年开始实施。

次协助，且每周多次家务协助，每天至少90分钟的医疗护理及45分钟的生活照护。(2) 二级：为有强烈需求的失能者提供的服务，每天至少需要3次共3小时的照护，即每日180分钟的医疗护理和120分钟的生活照护。(3) 三级：最严重的失能者，需要全天候的照护服务，每天需要300分钟的医疗护理和240分钟的生活照护。2013年，精神状况差的老人也被纳入失能等级评估体系。考虑到老年痴呆症的特殊性，对既失能又失智的老人单独进行评级，这类老人的照护等级分为四级，对于患痴呆症或精神障碍且病症制约了日常生活能力的老人，即使未达到普通人的失能评定标准，也界定为"零级"。

2. 长期照护服务的给付原则

德国的长期照护法案将"预防先于看护"和"居家照护先于机构照护"作为长期照护保险制度的基本原则。

预防先于看护。无论是失能老人还是照护机构，都应该将预防照护需求的产生作为首要原则。当老年人面临照护需求时，照护机构应尽量通过提供医学治疗，以期待失能老人恢复自理能力，失能者应积极参与治疗和恢复自理能力。护理法案强调的是积极照护，让失能者重新获得身体上、精神上的自理能力。

居家照护先于机构照护。照护的原则为让失能老人能够在熟悉的环境中生活，减少孤独感，尽量促使他们参与社会生活，提高生活质量。为保证失能老人首先在居所内接受照护，照护保险应当优先支持由亲属、邻居等义务性照护人提供的照护，照护保险除了支付照护补贴之外，还需要为照护提供者支付养老保险。当家庭中没有合适的人提供长期照护时，才选择将失能老人送进照护机构。①

3. 居家照护的给付

居家照护是指由亲人、朋友或专业的健康护理人员在失能者家中提供的

---

① 德国长期照护保险为部分责任制，即保险基金仅部分满足失能者的照护需求，其余部分由失能者自己承担。从一级到四级的照护层次设有给付上限，超过部分自付。一般情况下，选择机构照护的失能者支付比例较大，至少达到了25%。

照护服务。居家照护一般可以分为两类：一是非正式的照护服务；二是专业照护机构提供的上门服务。失能者每年从保险机构获得一定的货币用以支付照护人员的费用。通过专业照护机构提供上门服务，一般是失能老人寻找照护机构提供上门服务，然后由长期照护保险机构与照护服务提供机构单独结算，并不直接向需要照护的服务人员和亲属提供资金。2005年的数据表明，57.6%的德国居家照护服务由私营机构提供，40.6%由社会公益机构提供，1.7%由公立机构提供。而护理院、医院等专业机构中，55.1%为社会公益机构，38.1%为私营机构，6.7%为公立机构。[1]

从给付方式来看，对居家照护的给付有现金给付、实物给付、混合给付。失能老人及家庭成员可以选择适合自己的给付方式。获得现金给付或实物给付的数量与照护等级相联系，照护等级越高则获得给付数量也越高。通过现金给付方式获得支持的失能老人，可以获得现金用以支持提供照护的亲朋好友；通过实物给付的失能老人，可以定期获得由专业照护人员提供的一定数量和质量的上门照护服务。德国的长期照护保险金给付标准如表2所示。

表2　2017年德国"五等级护理"的长期照护保险给付标准

单位：欧元/月

	一级照护	二级照护	三级照护	四级照护	五级照护
护理津贴	125	316	545	728	901
居家照护		689	1298	1612	1995
机构照护	125	770	1262	1775	2005

资料来源：ESPN Flash Report 2016/43：Reform of the long-term care insurance in Germany。

4. 机构照护的给付

机构照护是指失能老人在照护机构内接受专业照护服务，由机构为其提供集中的生活照料、基础照护和医疗护理。一般情况下，老年人只有在居家

---

[1] 刘涛：《福利多元主义视角下的德国长期照护保险制度研究》，《公共政策评论》2016年第4期。

照护不能满足长期照护需求的情况下才会选择去机构，即接受机构照护的失能老人的照护级别一般在三级及以上。德国的机构照护可分为部分机构照护、半机构照护、完全机构照护。部分机构照护是失能者在居家照护不能满足照护需求时，每天有一部分时间在机构内接受照护。这一方面可以保障居家照护，避免过多地占用机构照护资源，另一方面也可以减轻居家照护的负担。半机构照护是为那些需要照护但又缺少居家照护者，同时又没有达到机构照护标准的失能者提供的照护。完全机构照护是失能者在机构内完成的照护。目前德国共有 1.24 万家照护机构，包括托老所、老年公寓、临终关怀医院等，其中以老年公寓为主。在所有的养老机构中，54% 为慈善组织或地方社会组织（主要是教会）所办，36% 为私人养老院，公立养老院仅占 10%。[1] 2015 年以来，长期照护保险每月为机构照护支付的最高限额为：一级照护为 1064 欧元；二级照护为 1330 欧元；三级照护为 1612 欧元；特级照护为 1995 欧元。

由于大多数需要照护的失能老人希望有更多的时间与自己的亲人或朋友相处，德国的政策设计更倾向于推崇居家照护。长期照护保险为居家照护者提供喘息式照护支持，如居家临时性照护、短期机构照护以及日间照护。由于照护提供者主要是女性，她们在为失能老人提供照护的同时，相对减少了工作时间。为弥补女性所牺牲的时间，同时也为促进照护服务的发展，德国政府规定，每周为家属或亲人提供 14 小时及以上照护服务且正常工作时间不超过 30 小时的照护提供者，在照护服务提供期间，可以享受法定社会保险，保费的标准根据其所提供服务的级别和时间确定。

从表 3 可以看出，70% 左右的失能老人选择了居家照护，30% 左右的失能者选择了机构照护。同时，从保险的给付方式来看，为了方便自己的近亲属，大部分失能者选择照护津贴而非照护服务。2013 年，德国长期照护保险中选择居家照护的失能者累计支付 12.3 亿欧元，其中照护补贴 7.749 亿

---

[1] 包世荣：《国外医养结合养老模式及其对中国的启示》，《哈尔滨工业大学学报》（社会科学版）2018 年第 2 期。

欧元，占比63%，居家照护服务占比为37%。从受益人数来看，在173.9万名得到居家照护的失能老人中，139.15万人选择了照护津贴，占比80%，其中完全由近亲属提供照护服务的比重为47.4%，而选择照护服务的人员仅为37%。[1]

表3　德国法定长期照护保险的参保人数和受益人数

单位：万人

年份	1995	2000	2010	2014	2015	2016
参保人	5091.5	5094.8	5125.3	5293.1	5355.8	5516.0
被保险人	7191.5	7131.9	6978.5	7034.0	7073.4	7145.0
受益人数	106.1	188.2	228.8	256.9	266.5	274.9
居家照护	106.1	126.1	157.8	181.8	190.7	197.4
机构照护		56.1	71.0	75.1	75.8	77.5

资料来源：Statistical Year Book of German Insurance，2018。

三　社会民主主义福利国家长期照护制度——以芬兰为例

与法团主义福利国家的"辅助"模式不同，斯堪的纳维亚国家（瑞典、芬兰等国家）的福利制度先行地将家庭关系的成本社会化，目的不是实现对家庭依赖的最大化，而是使个人独立最大化。社会福利建立在社会公民权的基础上，男女平等地参与劳动力市场被认为是一项重要的社会目标，国家有责任让所有的公民从传统的家庭中解放出来。所有的社会阶层都纳入普遍的保险体系之中，这其实是排斥了市场，因此形成了支持福利国家的普遍团结，提供了一种最基本的、对所有人都平等的福利。国家在资源分配中扮演着很强的角色，提供更加广泛的社会服务，家庭则扮演的是一种补缺角色，

---

[1]　Germany Federal Ministry of Health, "Selected Facts and Figures about Long-term Care Insurance," 2014.

表现出明显的去家庭主义（de-familialism）特征。在这些国家，长期照护与其他福利政策相似，采用一种普遍主义原则，福利国家是长期照护的主要来源，每个人都具有享受长期照护服务的权利，而家庭则提供一种支持性的角色。这些国家的长期照护体制以照护需求为第一权衡标准，不以个人收入或资产设限，照护服务普及性较高，体现了北欧福利国家的普遍性原则。本报告将以芬兰的长期照护保障制度为例，对这一模式进行介绍。

（一）芬兰普遍主义的长期照护筹资制度

在照护筹资上，芬兰的长期照护制度体现了社会民主主义福利国家模式的普遍主义原则。20世纪80年代，芬兰地方自治体即已经建立了家庭照护者特殊津贴制度（Carer's Allowance），政策对象是失能老人和照护提供者家庭。1982年，家庭照护津贴正式被纳入芬兰"社会福利法案"，这项福利法案为地方自治体推行照护服务制度化提供了一个法律框架。1993年，芬兰政府通过了独立的"非正式照护者支持法令"，要求地方自治体开展家庭照护者支持项目，包括喘息性服务（respite care）、照护者津贴（care's allowance）和照护者休假制度，同时地方自治体保留津贴发放资格审查的权限。1997年、2000年社会福利法案进行了修订，规定接受地方自治体照护津贴的照护提供者可以获得每月一次的休假。2006年，"非正式照护者法案"进一步完善，确定了地方自治体与照护提供者签订合同的标准，照护者有职业资格获得养老保险和工伤保险（accident insurance），获得喘息性照护服务，以及每月3天的照护休假。这项法案同时确定了地方自治体支付照护津贴的最低标准。2012年，芬兰的照护者补贴每月不低于364.35欧元；如果照护者为了照护老人不得不离开工作，则离开工作期间每月最少可得到728.98欧元的补贴。如果照护者在老人家中提供了24小时的照护或较长时间的连续日间照护，则照护者可获得1天的喘息性服务；如果照护者需要连续提供一个月以上的照护服务，则每月可获得至少3天的休息时间。照护者津贴不采取收入－审查（mean-tested）模式，即无论照护者或被照护者个人的家庭收入或者资产情况如何，只要承担照护责任就可获得；同时，这一法律框架赋予地方自治体在津贴获取资格和获取水平上很大的自由裁量权。

（二）芬兰的长期照护服务体系

在照护服务上，芬兰的342个市政府都认为有责任为居民提供健康和长期照护服务。市政府以相对灵活的方式和可靠的方法评估个人的照护需求并提供照护服务；在照护需求确定之后，与失能老人、家庭或朋友一起制订长期照护服务计划，市政当局有责任向失能者提供照护服务（市政当局可以直接提供服务，也可以从其他市政当局或私人服务提供者处购买服务）。除了直接提供服务外，市政当局还可以委托私人服务提供商或公共服务提供商，或向长期照护接受者提供可用于直接从私人服务提供商处购买服务的服务凭证。2011年起，失能老人在居住地接受长期照护超过一年者有权利选择到其他市政地区接受长期照护服务，其原所在市政当局有义务支付失能老人在新地区接受服务的费用。

1. 居家照护

居家照护又分为正式照护和非正式照护。正式照护主要是由专业机构提供的居家照护服务，包括由医疗系统提供的居家医疗护理、上门基础医疗照护和专业医疗照护；由居家照护服务机构提供的家政服务、生活照料服务、支持性服务等。非正式照护指由家人、亲戚、朋友、邻居等提供的照护。由于非正式照护者缺乏专业知识和技能，非正式照护常作为正式照护服务的支持与补充。

为满足绝大多数老年人喜欢在自己家中安度晚年的偏好，芬兰政府也探索并逐步确立适合老年人的照护养老模式，为老年人提供周到的居家照护和保健服务等。对于居家照护服务，有照护需求的年满75岁及以上的老年人可以申请居家照护服务。居家照护服务包括：（1）为行动不便的老人早晚洗漱、淋浴、剪指甲、换尿不湿，必要时帮老人穿衣、脱衣和洗衣服；（2）为老人做饭，或将饭菜送至老人家中，帮助老人进行食品采购；（3）每月为老人打扫1~2次室内卫生；（4）若老人行动困难，医护人员则提供上门医疗保健服务；(5)根据老年人的生活特点，对其房屋进行改造，如去掉门槛，加宽门框，拆掉卫生间内的浴盆，改成适合老人的淋浴，马桶旁边安装扶手，为行动不便的老人添置轮椅、助步车等辅助器具。

2. 机构照护

如果老年人不能在自己家中接受照护服务，则可以在机构中接受服务。芬兰的长期照护提供者主要有医院、健康中心、安老院、老人护理中心。为减少不同机构之间的转介程序，芬兰将这四部分组合成24小时照料中心，旨在为老年人提供更加舒适的养老环境。24小时照料中心在对老年人生理、认知、情绪和社会生活四方面进行全面评估的基础上，制订适合老年人的服务计划和提供以活动为基础的照护服务，形成由医疗体系和社会服务体系共同组成的长期照护服务体系，医疗体系提供康复与护理服务，社会服务体系负责开展综合的照料服务和活动，两者的结合减少了中间环节，方便了失能者。

另外，20世纪80年代以来，芬兰开始在全国各地兴建不以盈利为目的，集居住、饮食、娱乐、健身和保健于一体并提供综合服务的新型住宅楼——老人公寓。老人公寓是按照残疾人住房标准建造的社会性出租房，低收入阶层的老人也有能力支付房租。老人公寓分为自理老人公寓和照护老人公寓两种。自理老人公寓注重塑造良好的居住环境，增加老人的安全感，提高老人的生活质量，在其内部设有餐厅、洗衣房、健身房等服务设施。对于75岁以上生活不能自理的老人，芬兰社会福利部门的工作人员会帮助他们申请住进照护老人公寓，经过专业培训的照护人员根据老人的具体情况和需求制定个人照护计划，每天24小时分3班为老人提供照护服务。老人公寓为老人提供既安全又舒适的家庭式居住环境，为他们配备了带扶手的床和床垫。老人可以将自己家中的灯具、桌椅、电视以及各种装饰物搬进公寓。老人公寓的护理人员通过各种方式保障老人身心健康，使他们在晚年仍然能够享受生活乐趣。

在芬兰，实际获得机构照护或居家照护服务支持的人数也是在下降的，1990~2010年，65岁以上老年人口获得公立机构养老服务支持的比例降低了40%。公立机构照护能力的缩减显著地影响了芬兰老年人口的照护服务模式,传统上芬兰强调以公立机构为核心的照护模式,以此减轻家庭女性照护压力,推动性别平等化。但随着人口老龄化的压力,以机构为依托的照护模式显然不能满足老年人的照护需求,由此家庭在社会民主主义体制国家中也变得越来越重要,85岁以下老年人照护责任越来越多地由家庭来承担,只有那些严重失能的老年群体的照护由机构来承担。同时政策制定者在调整照护制度过程中也在逐步向家庭倾斜,家庭照护津贴获得者增加了30%。[1] 2005年"非正式照护者法案"正式在国家层面推行,家庭照护者的角色得到强化。但是,社会民主主义体制中强调"去中心化",地方自治体保留自由裁量权,因此,由于地方自治体的差异,实际的照护制度执行情况也因地而异。

芬兰的照护提供责任主要由市政府承担,资金主要来源于中央政府转移和市政府税收,照护需求者仅仅承担照护服务的部分成本。2005年的一项数据表明,照护需求者承担了照护费用的9%,中央政府向市政转移费用占31%,市政所得税占60%。[2] 中央政府向特定地区转移的用于社会和卫生保健支出的金额由该地区的年龄构成、发病率和就业率决定,市政当局可以在法律规定的范围内决定支付金额,这一支付金额可以是固定的,也取决于失能者的支付能力。2012年,芬兰的长期照护公共支出占GDP的比重为2.3%(欧洲平均水平为1%),100%的照护需求者都能得到正式的照护服务或者是现金补贴(欧洲平均水平为53%),高于欧洲的平均水平。15岁及以上人口中得到长期照护服务或现金支持的比重为9.5%(欧洲平均水平为4.2%)。从对居家照护和机构照护的支持来看,机构服务的支出占长期照护公共总支出的34.3%,65.7%的长期照护服务支出花费在居家照护服务上。

---

[1] Kroger, T. and Leinonen, A., "Transformation by Stealth: The Retargeting of Home Care in Finland," *Health and Social Care in the Community* 2012, 20 (3): 319–327.

[2] OECD, *Help Wanted? Providing and Paying for Long-term Care* (Paris, 2011).

四 东亚福利国家的长期照护制度
——以日本和韩国为例

东亚福利国家模式表现出发展的（developmental）、生产性的（productist）、儒家主义的特点。不同的学者指出了不同的特征,[①] 如"儒家福利体制"[②] "发展型的福利国家"[③] "东亚福利体制"[④]。一致的观点认为,东亚福利体制是生产主义（productivist）的,即社会政策是为了推进经济的发展。在家庭政策上,家庭除了有义务照顾儿童外,更有责任照顾老人。这一地区的家庭政策体现的是不干预主义和保守主义的结合。随着经济社会的发展,东亚家庭政策的发展方向由"不干预型"转向"保留传统型"。当儒家传统家庭模式稳定时,整个社会也相对稳定,政府信奉"不干预型"的家庭政策。当政治经济发展削弱了儒家传统的家庭凝聚力时,政府则倾向于通过政策以保留传统。随着人口老龄化加剧,在解决老年人长期照护问题上,日本与韩国走在亚洲前列,一定程度上学习了欧陆国家保守主义的做法,分别于2005年和2008年建立了长期照护保险制度。

（一）日本的长期照护制度

日本65岁及以上老年人口占总人口的比重由1960年的5.7%上升至2000年的17.2%,2017年达到27.05%。高龄化、失能化等现象使得日

[①] 认为东亚是一种独特的福利体制的学者大多强调儒家主义,或发展型的国家,使得东亚与欧洲有着很大的不同。
[②] Lin Ka, *Confucian Welfare Cluster: A Cultural Interpretation of Social Welfare* (Tampere, Finland: Tampere University Press, 1999).
[③] Holliday, Lan, "Productivist Welfare Capitalism: Social Policy in East Asia," *Political Studies* 2000, 48: 706–723.
[④] Aspalter, C., "The East Asian Welfare Model," *International Journal of Social Welfare* 2006, 15 (4): 290–301.

本老年人照护需求快速增加，导致国家医疗费用飞速增长。日本在进入老龄化的20年间，接受住院照护的老年人数量增加了10倍，大量占据了医院资源，近1/3的老年人患者住院时间在1年以上，医疗保险承受了很大压力。为解决慢性病患者长期占用医疗资源、传统照护服务发展滞后、配套供给等基础设施不完善问题，日本开始探索建立长期照护保险制度。

1. 日本的长期照护筹资制度

20世纪90年代，日本通过了长期照护保险（long-term care insurance）法案[①]，彻底改变了原有的家庭照护逻辑。日本长期照护保险制度将居住在日本的40岁及以上者作为筹资对象，其中65岁及以上者为第一被保险者，40~64岁者为第二被保险者。正常情况下，照护保险服务的对象是第一被保险者；第二被保险者如患有早期痴呆、脑血管疾病、肌肉萎缩性侧索硬化症等15种疾病，也可以成为照护保险服务的对象。

照护保险由社会保险和税收共同筹资。由税收支付50%，其中中央政府支付25%，省政府支付12.5%，督道府县政府支付12.5%；另外50%由个人支付，其中65岁及以上的人口支付保险费的20%（有养老金的老人直接由养老金抵扣18%，没有养老金的老人向地方自治体缴纳2%的保险费），40~64岁的老人从个人健康保险金中抽离出30%。在缴费上，第一类参保人采用定额缴费，由市町村依据保险基金均衡原则每3年对服务费进行测算确定；第二类参保人采用一定比率进行缴费。与德国面临的困境一样，随着老龄化程度的加深，日本长期照护保险缴费额度也在逐年上升。自2000年以来，已进行6次调整，由2000年月均缴费额度2911日元增长至2017年的5514日元，并预计2020年将增加至6771日元，2025年这一数额将达到8165日元（见表4）。

[①] 在引入长期照护保险之前，40%的地方自治体为照护者提供照护津贴。虽然这种照护津贴并没有纳入全国性的照护体系，但是一些地方自治体和县基于老龄化的压力仍然选择支付这一津贴。

表4 日本65岁及以上老年人长期照护保险的月缴费额度

单位：日元

年份	月均额度
2000~2002	2911
2003~2005	3293
2006~2008	4090
2009~2011	4160
2012~2014	4972
2015~2017	5514

对于第一类参保人，日本的长期照护缴费根据不同收入人群调整缴费系数，共分为九档，缴费系数的变化范围从0.3依次增加至1.7（见表5）。缴费系数的设定，有效地减轻了低收入人群的参保负担。在进行老年人的照护需求认定时，年龄越大则被认定有照护需求的比例越高。例如，在65~74岁的老年人中，认定有照护需求的比例为4.4%；75岁及以上的高龄老人中，认定有照护需求的比例为31.7%，即老年人口比重在各地区的差异会带来照护支出的不同。一般认为高龄老人占比较高的地区长期照护支付负担会较重，以及参保人员收入水平低下导致收入减少。日本中央政府从其负担的25%中拨出5%作为转移支付部分，以消除市町村之间的财力差距。

表5 65岁及以上老年参保人的缴费分担情况

档次	群体	人数	缴费系数
第一档	享受生活保护的人群、家庭成员免征市町村民税的老年福利年金享有人群、家庭成员免征市町村民税且本人养老金收入在80万日元以下的人群	650万人（19%）	0.3
第二档	家庭成员免征市町村民税且本人养老金收入在80万日元以上120万日元以下	240万人（7%）	0.5
第三档	家庭成员免征市町村民税且本人养老金收入超过120万日元	240万人（7%）	0.75
第四档	本人免征市町村民税但家中有需要征税的人员,且本人养老金收入在80万日元以下	540万人（16%）	0.9

155

续表

档次	群体	人数	缴费系数
第五档	本人免征市町村民税但家中有需要征税的人员,且本人养老金收入超过80万日元	440万人(13%)	1
第六档	需要征收市町村民税,且合计所得年收入不到120万日元	410万人(12%)	1.2
第七档	需要征收市町村民税,且合计所得年收入在120万~190万日元	370万人(11%)	1.3
第八档	需要征收市町村民税,且合计所得年收入在190万~290万日元	270万人(8%)	1.5
第九档	需要征收市町村民税,且合计所得年收入在290万日元以上	270万人(8%)	1.7

日本长期照护服务资格的判定由市町村长期照护保险经办机构完成,失能老人向该机构提出申请,机构会派专业人员对申请人相关能力(包括85项测试内容)进行调查并做出判定。在此基础上,由护理认定委员会的专家做出第二次判定,确定是否符合给付条件和具体的服务等级。照护等级分为7个级别,分别为"要支援1""要支援2""要护理1""要护理2""要护理3""要护理4""要护理5"。①

2. 日本的长期照护服务体系

日本老年人照护服务内容可分为居家照护、机构照护和地区紧密型照护预防服务②三大类。

(1)居家照护的给付

居家照护是指失能老人在自己家中获得的照护服务,或偶尔去照护机构接受照护服务。日本的居家养老服务包括"访问护理服务"、"日间护理服

---

① 日本老年人的照护等级由原来的5个等级变为7个,在原照护等级中"要支援"改变为"要支援1""要支援2"。"要支援1"是指那些即将进入照护状态、生活能够自理但家务需要帮助的轻度失能老人,他们一般能够自己完成如厕、进食,有很少的事情需要别人帮助。"要支援2"是对快要进入"要护理1"的潜在照护需求的预防,他们一般能够如厕、进食,但需要他人帮助洗澡。

② 地区紧密型照护预防服务是指被保险人能在自己所居住的地区,通过接受多种灵活的服务,继续在当地生活。这类服务一般由市町村政府设立。

务"、"短期托付服务"和"社区贴紧型服务"。访问护理服务包括为老年人上门提供做饭喂食、洗澡换衣、打扫卫生等服务；日间护理服务是指接送老年人到社区老年人护理中心，为老年人提供身体检查、康复训练等服务；短期托付服务是指老年人家属临时外出时，老年人接受社区养老院提供的短期护理服务；社区贴紧型服务提供夜间上门服务、失能失智老人日托护理和多功能居家护理等社区服务。在失能老人接受居家照护服务时，日本长期照护保险根据不同照护等级分别设定了不同的支付上限标准，超过上限的服务费用由被保险者自己负担（见表6）。

表6 日本长期照护保险给付对象接受居家照护服务的支付上限

单位：日元/月，%

照护等级	照护保险支付上限	照护需求者人均支付水平	超过支付上限的照护需求者占全部接受照护服务者的比重
要支援1	50030	19695	0.2
要支援2	104730	35879	0.1
要护理1	166920	70771	1.0
要护理2	196160	98464	2.2
要护理3	269310	148145	1.7
要护理4	308060	180352	2.4
要护理5	308060	180352	2.4

资料来源：日本厚生省《平成27年护理给付费实态调查》（5月份审查）；郑秉文：《中国养老金发展报告（2017）——长期照护保险试点探索与制度选择》，经济管理出版社，2017，第246页。

(2) 机构照护的给付

机构照护则是照护需求者离开自己家到照护机构接受照护服务，包括特别养老之家、护理老人保健机构、护理疗养型医疗机构等。照护需求者接受机构照护服务时，伙食费、住宿费（水电费）和日常生活费均由自己承担（低收入者可以根据收入水平享受一定减免）。长期照护保险参保人数及服务使用人数变化情况如表7所示。

表7 长期照护保险参保人数及服务使用人数变化

		2000年4月末(人)	2015年4月末(人)	倍数
参保	第一类参保人数	2165	3308	1.53
认定	照护需求者	218	608	2.79
服务使用	居家照护	97	382	3.94
	机构照护	52	90	1.73
	地区紧密型照护预防服务		39	
	合计	149	511	3.43

资料来源：《照护保险事业状况报告》。

日本长期照护保险对接受照护服务的照护需求者自费承担部分，根据不同的收入水平制定了不同的补助制度。（1）对于享受低保的市町村民税家庭非课税者中的老龄福利年金领取者，课税年金等收入所得年合计额80万日元以下者，家庭月承担的上限为15000日元；（2）其他市町村民税家庭非课税者，家庭月负担上限为24600日元；（3）市町村民税家庭课税者的家庭负担上限为37200日元；（4）课税收入在145万日元以上者，家庭月负担上限为44000日元。

从长期照护保险给付结构来看，2000年居家照护服务给付规模为1.1万亿日元，到2014年增加至4.6万亿日元，占比从34.3%增至54.8%；机构照护服务给付规模从2000年的2.1万亿日元增加至2014年的2.8万亿日元，占比从65.6%减少至34.5%；地区紧密型照护预防服务从2006年实施以来的0.3万亿日元增加至2014年的0.9万亿日元，占比从6.3%增至11.4%。[1] 由此可见，居家照护服务的给付规模增加最快，地区紧密型照护预防服务也有较快发展，而机构照护服务的给付规模呈现下降趋势。2014年居家照护服务的人均给付费用为10.2万日元/月，地区紧密型照护预防服务和机构照护服务的人均给付费用分别为20.3万日元/月和

---

[1] 张仲芳：《国际社会保障动态——应对人口老龄化的长期护理保障体系》，上海人民出版社，2018，第136页。

26.4万日元/月。从人均给付费用来看，居家照护服务的人均给付费用最低，其次为地区紧密型照护预防服务，机构照护服务的人均给付费用最高。日本长期照护保险实行的是无现金给付方式，即所有的给付都是以服务的方式提供。对于居家照护、机构照护和地区紧密型照护预防三类服务有着不同的给付标准。照护需求者的服务费用的90%由保险支付，10%由被保险人自己负担。①

（二）韩国的长期照护制度

韩国虽然进入老龄化社会的时间相对较晚（2000年65岁及以上老年人口比重达到7%），但21世纪以来韩国老龄化开始以空前的速度发展，仅18年左右的时间老年人口比重就增加至14%以上。如此快速的老龄化给韩国老年保障制度带来巨大挑战。同时，与德国、日本相似，人口老龄化程度加深，家庭户规模缩小，传统的家庭照料服务体系受到冲击。女性越来越多地进入劳动力市场，这意味着传统的照护服务的提供者数量减少。在人口老龄化和家庭结构变动的影响下，韩国老年人长期照护需求快速增加，但照护服务的供给不断减少。

在老年人照护制度建设上，20世纪70年代韩国政府开始以解决老年人贫困问题为切入点，建制适合本国的老年人福利制度。80年代后，关注点逐渐转移到老年群体健康、精神慰藉等问题。1981年的《老年人福利法》出台后，韩国逐步形成了以机构照护为中心的老年人服务模式，旨在维护老年人权利，明确老年人福利政策构建的方向是以加强老年人疾病预防工作和早期发现为重点，通过一定的治疗和照护促成老年人身心健康。20世纪70年代，韩国开始建设以养老机构为主的老年人福利机构，但自20世纪80年代开始，老年疗养机构的规模逐渐扩大并开始独立于养老机构。然而随独居的老年人比重快速增加，老年人居家福利事业开始快速发展起来。

韩国的居家照护和机构照护面临很多挑战。在居家照护上，受益人群的选

---

① 2015年8月以后收入水平超过标准者，需自己负担的比例提高到20%。

定标准比较模糊。根据《老年人福利法》，在服务对象上，居家照护的对象为享受最低生活保障的低收入人群，但实际上主要是独居老年群体；从服务内容看，居家服务主要为家务帮助，并未向失能老人提供医疗服务。在服务供给上，表现为服务的供给主体被分割成居家老年人福利中心、地区社会福利机关的居家服务中心等，整个体系亟待统一整合规划。在机构照护上，照护机构数量不足。2002年韩国享受机构照护的老年人为25000名，占全体老年人数量的比例为0.6%，仅仅满足了有机构照护需求老年人总量的31.0%。同样地，照护机构的服务对象为患有老年疾病的需要护理的老人，但因缺乏具体考核指标而难以准确判定。由于照护机构的资金主要来源于政府，缺乏民间资本的支持，常常面临融资瓶颈，机构福利的发展并未与社区紧密结合，这使得照护服务机构与社区资源整合状况相对较差而不利于服务水平的提升。为解决老年人居家照护和机构照护存在的问题，韩国于2008年开始实施长期照护保险制度。

1. 韩国的长期照护筹资制度

韩国长期照护保险的参保对象为国民健康保险的参保人。但实际接受服务的人群需同时具备两种条件：韩国国民健康保险的参保人；65岁及以上的老年人（无论是否有疾病），或未满65岁但患有老年疾病且6个月及以上无法独立生活的人。韩国长期照护保险缴费采取的是雇员与雇主共同缴费：缴费额度=参保对象的缴费工资×国民医疗保险的缴费率×系数。但从制度建立以来，国民医疗保险的缴费率在逐步提高，由2008年的5.08%上升至2016年的6.12%；系数由2008年的4.05%上升至2016年的6.55%，这带来了长期照护保险缴费的上升，从2008年的0.21%上升至2016年的0.4%，2016年的缴费工资上下限分别为28万韩元和每月7810万韩元。①

2. 韩国的长期照护服务体系

韩国长期照护保险的申请流程如下。参保人首先提出申请，国民健康保险公司会到申请人家中以填写问卷的方式进行访问，问卷一般分为两个部

---

① 自雇者的缴费率则根据其资产状况、收入、年龄、性别等因素综合确定。收入低于某一水平者，无须参加长期照护保险制度，而是通过收入调查型的社会救助和福利制度得到保障。

分：基本测试（52项），包括日常生活、认知功能、行为变化、疾病处理和康复需求5个方面（见表8）；通过对5个方面分别按100分计算并对每一个类别设置权重，综合计算申请人身体状况得分，并据此划分不同的等级。

表8 韩国长期照护保险申请人身体状况评定标准

5大类	52项	选项
日常生活（12项）	穿衣、洗脸、刷牙、洗澡、吃饭、床上翻身、床上起身、从床上转移到椅子、出门、上厕所、大便控制、小便控制	独立/部分依赖/完全依赖
认知功能（7项）	短暂记忆、辨别日期/地点/出生日期、理解/判断/沟通能力	是/否
行为变化（14项）	妄想、视觉或听觉幻觉、沮丧、黑白癫痫、拒绝接受建议和照料、暴躁、迷路、言语或身体暴力、独自出走、损坏物品、无意义的行为、藏钱或物品、穿不合适的衣服、不卫生行为	是/否
疾病处理（9项）	气管切开术护理、吸气管、氧疗、疼痛照护、胃管营养、疼痛控制、导管照护、结肠术口护理、透析护理	是/否
康复需求（10项）	四肢运行障碍、肩关节、股关节、腕关节、肘关节、膝关节、足关节运行受限	没有残疾/部分残疾/残疾；没有限制/一侧关节受限/双侧关节受限

资料来源：Chang Won Won, "Elderly Long-term Care in Korea," *Journal of Clinical Gerontology & Geriatrics* 2013，（4）：5；郑秉文：《中国养老金发展报告（2017）——长期照护保险试点探索与制度选择》，经济管理出版社，2017，第254页。

根据以上5个方面得分将老年人的长期照护需求划分为5个等级。① 分数在95分及以上者为第一等级，是最重症老年人，大多为需24小时卧床且日常生活完全需要他人帮助的老人；评分在75~94分的老年人为第二等级，一般具有坐、卧的活动能力，但绝大部分日常生活行为需要他人帮助；评分在60~74分的老年人为第三等级，老人通过拐杖等辅助性工具可在住处附近行走，日常生活的一部分需他人帮助；评分在51~59分的老人为第四等

---

① 2014年，韩国老年人的长期照护等级由原来的3个等级转变为5个等级，主要是把老年痴呆症患者纳入等级内。

级,一般为日常生活特定部分需要他人帮助的老年人,第五等级为老年痴呆症患者,评分在45~50分。

国民健康保险公司对老年人的长期照护需求评级后,长期照护等级评定委员会对照护等级的划分进行了第二次审定,即调查所得分数和申请人的实际情况,对受益人数量和等级进行微调和再确认,并最终确定申请者获得服务的资格。

在长期照护服务支出方面,韩国实行政府、保险、个人共同负担的方式。其中,政府补贴20%,个人支付15%~20%(居家服务支付15%,机构服务支付20%),其余的60%~65%由保险支付。

照护服务主要包括居家照护(home care)、机构照护(institutional care)。居家照护是老年人在家中或社区接受照护服务,包括上门洗澡、访问看护、日间照护、短期照护等基本形式,也包括福利用具租赁、买卖费用支援及康复援助等。机构照护是指为照护机构中的老人提供的照护服务,多是为维持老年人身体活动能力以及心理健康水平而施行的一系列服务活动。在给付内容上,可分为实物给付和现金给付两种。在长期照护的实际给付中,机构照护给付和居家照护给付以实物给付为主并辅以特别现金补贴(见表9)。特别现金补贴是在没有照护机构的地区,无法给予老年人实物给付的情况下,给予一定的现金给付。现金给付通常分为家庭疗养费、特别疗养费、医疗费三种。在韩国,一般有三种情况可以得到特别现金补贴:(1)为家庭照护成员提供家庭照护支持;(2)为提供照护服务的养老院、残疾人福利院等非指定的照护机构支付特别的家庭照护费;(3)为提供照护服务的老人医院或疗养院支付照护费。

表9 韩国LTCI给付内容

	内容	给付形式
居家照护	访问照护服务:通过上门访问的方式提供日常活动帮助以及一般家务等服务	服务
	洗澡服务:提供洗澡用具,上门提供为老人洗澡的服务	
	看护服务:在获得医师指示的条件下上门为老人提供治疗服务	

续表

	内容	给付形式
居家照护	日间照护：一天的几个小时内为老人提供照护服务	
	短期照护：短期内让老人入住机构，为老人提供服务	
	老年用品的借出与购置：借出或帮助老人购置特制床和轮椅等老年用品	
机构照护	老年人疗养机构：提供长期的照护服务和帮助老年人身体机能恢复	服务
	老人之家：为独身老人提供共同的生活空间	
特别现金补贴	在没有照护保险机关的地区，采用现金支付的方式	现金

资料来源：李勇甲：《德国的长期护理保险和日本的介护保险》，《韩国社会政策》2000年第7期；陈诚诚：《韩国长期照护保险制度政策过程及其对中国的启示》，《桂海论丛》2015年第1期。

整体来看，在长期照护保险实施之后机构照护和居家照护所占比重均有所波动。这是由于韩国长期照护保险在机构照护和居家照护支付方面的差异，接受家庭照护服务者自付比重约为15%，机构照护比重约为20%，即韩国长期照护保险福利老年人在家中或社区接受居家照护服务。当前，韩国长期照护服务中，机构照护的提供占比约为1/3，居家照护占比约为2/3。从不同照护等级的照护需求来看，照护等级为1级、2级、5级的照护需求者有资格选择机构照护和居家照护，3级、4级照护需求者只能选择居家照护。从当前长期照护保险给付情况来看，2015年长期照护给付中，机构照护给付占比为60.4%，居家照护给付占比为39.4%，即与居家照护给付相比，机构照护给付占比较大（见表10）。

表10 韩国长期照护保险的给付状况

单位：百万韩元，%

	2009年		2011年		2013年		2015年	
	给付额度	占比	给付额度	占比	给付额度	占比	给付额度	占比
合计	556985	100	638935	100	707150	100	869711	100
居家照护给付	232085	41.7	258748	40.5	265884	37.6	342290	39.4
机构照护给付	322954	58.0	378680	59.3	439673	622.2	525562	60.4
特别现金给付	328	0.1	195	0.0	152	0.0	154	0.0
其他	1618	0.3	1312	0.2	1441	0.2	1705	0.2

资料来源：鲜于德等：《老人长期护理保险的运行成果评价及制度改革方案》，韩国保健社会研究院研究报告书，2016；陈诚诚：《韩国长期照护保险制度概览》，《中国医疗保险》2017年第7期。

韩国的照护机构和照护人员数量快速增加。居家照护中心数量增加更快，在应对人口老龄化的过程中，以家庭和社区为依托的就地养老逐渐被强调成为提供照护服务的主要力量；在长期照护保险实施的过程中，韩国的照护服务市场由于鼓励各市场主体参与而快速发展，一些小型的照护机构由于无力提供系统的大规模的机构照料服务而更倾向于选择提供小型的、成本较低的居家照护服务。2008～2015年，韩国照护机构从4645个上升至17497个，其中居家照护中心从3401个增加至12488个，机构照护中心从1244个增加至5009个。[1]

五 总结与启示

自20世纪60年代以来，随着人口转变的逐步完成，许多发达国家开始进入老龄化社会，家庭户规模缩小、家庭结构变化、女性劳动参与率上升使得家庭照护功能逐渐弱化，社会压力、政府财政资金缺口不断扩大，先行进入老龄化社会的发达国家开始进行老年人长期照护保障制度的探索。本报告根据Esping-Andersen和相关学者对福利国家制度的经典划分，着重介绍了自由主义福利国家模式（以英国为例）、法团主义福利国家模式（以德国为例）、社会民主主义福利国家模式（以芬兰为例）、东亚福利国家模式（以日本和韩国为例）的长期照护筹资制度、长期照护服务体系、筹资制度对机构照护与居家照护的给付状况，旨在总结各国经验与启示。

（一）长期照护制度内嵌于福利国家体制内部，一般遵循家庭政策的设计逻辑，体现了长期照护责任在家庭、政府、市场之间的分工

在自由主义福利国家，强调个人主义和市场崇拜，社会福利供给市场化，因此政策对象是"最需要"群体，以贫困线为基准提供残补性和零碎

---

[1] 郑秉文：《中国养老金发展报告（2017）——长期照护保险试点探索与制度选择》，经济管理出版社，2017，第254页。

的照护服务，政策之外对受助群体产生"污名化"效果，社会政策通常并不能弥合社会福利需求的鸿沟，社会结构走向极化和分裂化。[①] 社会民主主义福利国家以公民权利为基础，在照护服务体制上，以照护需求为第一权衡标准，不以个人收入或者资产设限，照护服务普及性较高，体现了北欧福利国家的普遍性福利原则。但是照护服务给付和服务提供上，北欧福利国家从最初以公立机构服务为核心正在向以家庭照护为核心转型，随着人口的老龄化和需求多样化，照护服务本身的高成本已经使得传统上的福利国家难以承受重负。东亚由于受到儒家思想的影响，强调家庭在照料儿童和老人中的责任，但当家庭的照料功能削弱时，政府则倾向于通过政策保留传统，体现其保守主义倾向。

从中国福利制度演变的逻辑来看，由于社会经济发展的限制，中国并没有出现"社会主义"的福利制度，而是建立起了"全覆盖、保基本、多层次"的基本社会保险体系，中国的福利体制有着保守主义福利体制的特征，其福利制度设计是谨慎的。[②] 同时，福利制度表现出碎片化特征，家庭福利制度仍以补缺式为主，政府和社会只有在家庭出现困难或危机时才给予家庭积极的干预。家庭政策仅将重点放在那些失去家庭依托的边缘弱势群体，如城市"三无"老人和农村"五保户"等，而那些拥有老人、儿童及其他不能自立成员的家庭，则必须首先依靠家庭来保障其生存和发展需求。中国现有的对家庭功能进行补充的社会保障制度如养老保险、医疗保险等大都以就业作为其准入门槛，且在家庭成员之间不得转移，并没有将家庭作为整体进行干预，而仅仅局限于个人。

发达福利国家的经验表明，在老龄化的早期建立长期照护制度，可以有效地降低成本开支（如以色列、韩国）。近几年，中国长期照护制度的建立受到中央及相关部门的高度重视。习近平总书记指出"要建立相关保险和福利及救助相衔接的长期照护保障制度"；《国民经济和社会发展第十三个五年规

---

① 刘香兰、古允文：《儒家福利体制真的存在么？以台湾照护责任部门分工为核心的分析》，内部讨论会稿件，2014。
② Stein Ringen and Kinglun Ngok, "What Kind of Welfare State Is Emerging in China?" Working Paper 2013－2, United Nations Research Institute for Social Development, 2013.

划纲要》《国家人口发展规划（2016—2030年）》《"十三五"国家老龄事业发展和养老体系建设规划》指出要"全面建立针对经济困难高龄、失能老年人的补贴制度，做好与长期护理保险的衔接"。在政策实践上，2016年6月，《人力资源社会保障部办公厅关于作为开展长期护理保险制度试点的指导意见》指出，将承德、长春、齐齐哈尔、上海、南通、苏州、宁波、安庆、上饶、青岛、荆门、广州、重庆、成都、石河子15个地区作为开展长期护理保险制度试点，并以吉林和山东两省作为国家试点的重点联系省。试点旨在利用1~2年的时间，积累经验，基本形成适应中国国情的长期护理保险制度政策框架。长期护理保险制度的试点，一方面提高了试点地区老年人长期护理服务的利用率，促进了老年患者在医疗机构、养老机构、社区和家庭之间的分流，减少过度医疗和占据床位的现象；另一方面减轻了老年人及其家庭成员的照护负担。[1] 但从长期护理保险制度的顶层设计和制度试点地区政策的实施细节来看，由于受到经济社会发展阶段的影响，中国的长期照护筹资制度的设计依然遵循了原有福利制度的设计逻辑。试点地区的长期护理保险制度大多依赖医保基金，表现出碎片化、保基本（低保障）的特点。[2]

（二）长期照护筹资制度与长期照护服务体系相辅相成、共同发展

现有建立长期照护保障制度的国家，在制度建立之初，都实施了发展长期照护服务市场和建立长期照护筹资制度并重的政策。发达福利国家在长期照护保障制度建立之初，大多存在养老服务体系发展不足、照护服务实施和人才相对匮乏的问题，养老服务市场发展严重滞后于人口老龄化；但在长期照护筹资制度建立之后，照护需求者的购买能力提高，长期照护服务的需求得到释放，为长期照护服务市场的发展提供了条件。以实施长期照护保险制度的日本、韩国为例。日本在没有引进长期照护保险之前，在长期照护保障

---

[1] 杨菊华、杜声红：《长期照护保险资金的筹措：现状、困境与对策思考》，《中国卫生经济政策研究》2018年第8期。
[2] 目前长期护理保险制度的试点遵循"以收定支、收支平衡、略有结余"的原则，以及筹资标准降低带来的筹资能力低，这使得现有试点的长期护理保险制度给付条件高而给付标准低。

制度上采取的是资格-审查（mean-tested）的社会救助模式，即照护制度仅仅关注收入低于某一水平的老年人，而政府提供的照护服务主要是针对享受最低生活保障的受助人或患有老年人疾病且无人照料的老人。在照护服务供给上，日本主要由地方政府委托社会福利法人组织直接提供照护服务。除社会福利法人组织之外，其他机构不能直接向老人提供收费性的老人福利设施，即社会福利法人组织与老人之间是一种服务与被服务的关系，老年人自身没有对社会福利法人组织及其服务内容的选择权利。在长期照护保险实施之后，照护资金形成了多渠道的筹资方式，即政府、市场、个人的共同筹资，老年人收入和资产状况不再受到限制，只要符合照护保险的给付条件且通过照护等级的认定，就可以获得相应的照护服务，即长期照护制度实现了从选择性向普遍性的转变。与此同时，日本政府也允许并鼓励营利与非营利组织、生活协同组合联合会、农业协同组合和医疗法人等多种事业体参与居家照护服务。政府通过社会事业体来规范照护服务项目的内容与价格，从而增强各主体之间的竞争来降低长期照护服务价格，同时，日本长期照护保险制度的建立增强了照护需求者购买照护服务的能力，为不同类型的组织进入老年照护服务市场提供了契机。韩国的照护服务供给也经历了类似的发展过程。在照护保险制度实施之前，社会福利法人在韩国福利供给中占据了绝对地位，但实施长期照护保险后，韩国采用了公、私等多元经营方式，不仅允许非营利组织的存在，也允许私人营利组织的开设与经营，直接促进了照护服务产业的发展。

  发达福利国家的经验表明，长期照护筹资制度的建立与长期照护服务市场的发展之间相辅相成。中国当前的政策实践也遵循了这一逻辑，在探索建立长期照护筹资制度的同时，注重发展养老服务业。在照护筹资上，从2011年起，两种筹资模式在中国均有试点，其中上海探索了"长期照护津贴制度"，青岛探索了"长期照护保险制度"[①]，但中国还不存在覆盖全国的

[①] 2012年7月山东青岛便开始试行长期照护保险，主要依靠医疗保险基金筹资，为医疗保险参保人报销部分长期照护费用；2015年5月，长春也开始试点长期照护保险制度；2016年1月，南通通过政府、个人、医保基金等多渠道筹资的方式，正式实施基本照护保险制度。

长期照护保障制度；在照护服务提供上，地方政府遵循国家宏观养老服务框架，着力打造养老服务网络，但中国大规模的长期照护服务需求仅仅依靠公办的养老机构难以满足。为此，2016年以来，中国在十几个地级市开始试点长期照护保险，但长期照护保险需要繁荣的长期照护服务市场来支撑。为解决中国养老服务供给机构不合理、市场潜力未充分释放、服务质量有待提高等问题，2016年12月，《国务院办公厅关于全面放开养老服务市场提升养老服务质量的若干意见》指出，要放开养老服务市场，积极引导社会资本进入养老服务业，推动公办养老机构改革；到2020年，实现养老服务市场全面放开，养老服务和产品有效供给大幅提升，供给结构合理。

（三）长期照护筹资制度大多倾向于鼓励居家照护

在人口老龄化加剧的背景下，不同福利国家的长期照护筹资制度，都有鼓励居家照护的倾向。英国的长期照护制度带有自由主义福利国家体制的特性，照护津贴的发放采用资格－审查的社会救助模式，这使得其在减少老年人贫困方面发挥的作用较小，同时由于机构照护服务的市场化，入住照护机构的老年人越来越少，英国政府将照护服务的重心逐渐从机构向社区和家庭转移。2000年起，一些地方政府通过与独立的非营利组织合作，提供喘息服务、照护假期等社区照护支持性服务。同时，地方自治体分配基金投入地方照护服务组织中，这些都使得居家照护服务成为英国最流行的照护提供方式。社会民主主义福利国家体制的芬兰，家庭政策一直将推动性别平等作为政策目标，表现在照护服务的提供上，芬兰强调以公立机构为核心的照护模式，减轻女性的照护压力。但随着人口老龄化的压力增加，以机构照护为核心的模式越来越不能满足老年人的需求，照护制度的调整也逐步向支持家庭照护转变，特别是在2005年非正式照护者法案在国家层面推行之后，政府还通过照护津贴、照护时间和支持性服务给予居家非正式照护者一定的支持，家庭照护者的角色得到强化。

法团主义福利国家体制的德国，居家照护先于机构照护是德国长期照护保险制度设计的基本原则之一。从照护保险的给付可以看出，对于居家照护服务的给付，有现金给付、实物给付、混合给付等不同的方式。德国基本长期照护保险对居家照护服务的给付标准与机构照护基本相同，但机构照护的成本要显著高于居家照护的成本，这使得选择机构照护的失能者有着更高的自付比例，因此德国的照护制度实际上具有鼓励失能者采取居家照护的特点。数据表明，德国长期照护社会保险参与者中，超过70%选择了居家照护，选择机构照护的不足30%。从实物给付和现金给付情况来看，更多的失能老人选择了现金给付。2013年的数据表明，173.9万名居家照护失能人员中，139.15万人选择了照护津贴，占比为63%；选择照护服务的比例仅为37%。

居家养老是中国养老服务体系的基础，从中央政府的顶层设计到地方政府的政策实践，居家养老都处于基础性地位。《国民经济和社会发展第十三个五年规划纲要》《国务院关于加快发展养老服务业的若干意见》提出"到2020年，全面建成以居家为基础、社区为依托、机构为支撑的，功能完善、规模适度、覆盖城乡的养老服务体系"。从目前中国长期护理保险制度试点地区的政策来看，在向失能者提供居家照护服务和机构照护服务的同时，各试点地区的具体措施中均有鼓励失能者接受居家照护服务的倾向，这不仅与国际惯例一致，而且符合老年人倾向于选择在家接受照护服务的意愿。以南通市试点为例，截至2017年5月，南通市累计有3373人享受照护保险待遇，其中居家照护2728人，占比为80.9%，机构照护不足20%。

（四）大多数国家面临长期照护筹资制度的可持续性问题

随着人口老龄化的加深，失能老人的规模逐渐扩大，实行长期照护保障制度的国家都面临照护保障支出膨胀的问题。从实行长期照护保险的德国、日本、韩国来看，德国长期照护保障支出占GDP的比重由2005年的0.31%上升至1.44%，同时，现收现付的长期照护缴费模式极易受到人口年龄结构变化的影响，企业和个人的缴费比例逐渐提高。以德国和日本为例。德国在1995年长期照护保险建立之初，长期照护保险的缴费率为1%，随后逐步提高至1.7%，满23岁但无子女的保险人须自己额外缴纳占工资0.25%

的附加保险费。2008年、2014年、2017年、2019年分别逐步提高至1.95%、2.35%、2.55%、3.05%。日本自2000年建立长期照护保险制度以来，已进行6次缴费额度调整，月均缴费额度由2000年的2911日元增长至2017年的5514日元，并预计2020年将增加至6771日元，2025年这一数值将达到8165日元。

从中国十几个试点地区来看，长期照护筹资制度同样面临可持续性发展问题。在中国经济发展面临新常态、经济增速放缓、中央提出要降低企业"五险一金"缴费比例的背景下，多数试点地区的长期照护缴费来源于医保统筹基金。然而，根据世界银行的预测，2015～2035年中国的医疗卫生支出将以每年8.4%的增长率递增，超过了同期GDP和财政收入的增速。[1] 这使得主要或单纯依靠医保基金的长期照护筹资模式不可持续。因此，长期照护保险制度要首先处理好保险缴费与降低企业社会保障负担的关系，应在保持社会保险缴费率不增加的情况下，通过不同险种之间缴费比例的调节为长期照护保险预留缴费空间。同时，根据现有的实行长期照护保险制度的发达国家的经验，在发展长期照护社会保险的同时，要注意发展团体照护保险和商业照护保险，通过政策鼓励私人长期照护保险计划，形成长期照护社会保险制度、团体照护保险和私人长期照护保险相结合的多层次长期照护筹资体系。

---

[1] 《深化中国医疗卫生体制改革，建设基于价值的优质服务提供体系》，世界银行，2016，http://documents.wordbank.org/curated/en/707951469159439021/pdf/107176 - REVISED - PUBLIC - CHINESE - Health - Reform - In - China - Policy - Summary - Oct - reprint - CHN.pdf。

参考文献

Aldershot Ferrera, M., "The 'Southern Model' of Welfare in Social Europe," *Journal of European Social Policy*, 1996, 6 (1): 17-37.

Bettio, F. and J. Plantenga, "Comparing Care Regimes in Europe," *Feminist Economics*, 2004, 10: 85-113.

Castles, F., "Social Security in Southern Europe," presented at a conference organized by the sub-committee on southern Europe of the American Social Science Research Council. Bielefeld; July, 1993.

Chang Won Won, "Elderly Long-term Care in Korea," *Journal of Clinical Gerontology & Geriatrics*, 2013, 4: 5.

Esping-Andersen, G., *The Three Worlds of Welfare Capitalism* (Cambridge: Polity Press, 1990).

Esping-Andersen, G., *Social Foundations of Postindustrial Economies* (Oxford: Oxford University Press, 1999).

Fry, G., Singleton, B., Yeandle, S., and Buckner L., *Developing a Clear Understanding of the Cares' Allowances Claimant Group* (London: DWP, 2011).

Germany Federal Ministry of Heath, "Selected Facts and Figures about Long-term Care Insurance," 2014.

Lewis, J., "Gender and the Development of Welfare Regimes," *Journal of European Social Policy*, 1992, 3: 159-173.

Lin, Ka, *Confucian Welfare Cluster: A Cultural Interpretation of Social Welfare* (Tampere, Finland: Tampere University Press, 1999).

OECD, *Help Wanted? Providing and Paying for Long-term Care* (Paris, 2011).

Stein Ringen and Kinglun Ngok, "What Kind of Welfare State is Emerging in China?" Working Paper 2013 - 2. United Nations Research Institute for Social Development, 2013.

Titmuss, R. M., *Essays on the Welfare State* (London: Allen and Unwin, 1958).

Titmuss, R. M., *Social Policy: An Introduction* (London: Allan and Unwin, 1974).

Xenia Scheil-Adlung, "Long-term Care Protection for Older Persons: A Review of Coverage Deficits in 46 Countries," International Labor ESS-Working Paper No. 50, International Labor Organization, 2015, http://www.ilo.org/secsoc/information-resources/publications-andtools/Workingpapers/WCMS_407620/lang-en/index.htm.

包世荣：《国外医养结合养老模式及其对中国的启示》，《哈尔滨工业大学学报》（社会科学版）2018年第2期。

柴化敏：《英国养老服务体系：经验与发展》，《社会政策研究》2018年第3期。

陈诚诚：《韩国长期照护保险制度、政策过程及其对中国的启示》，《桂海论丛》2015年第1期。

戴卫东：《解析德国、日本长期护理保险制度的差异》，《东北亚论坛》2007年第1期。

房莉杰：《上海市老龄化与老年服务调查报告》，社科院内部研究报告，2014。

胡湛、彭希哲：《家庭变迁背景下的中国家庭政策》，《人口研究》2012年第2期。

李勇：《德国的长期护理保险和日本的介护保险》，《韩国社会政策》2000年第7期。

刘香兰、古允文：《儒家福利体制真的存在么？以台湾照护责任部门分工为核心的分析》，内部讨论会稿件，2014。

刘涛：《福利多元主义视角下的德国长期照护保险制度研究》，《公共政策评论》2016 年第 4 期。

施巍巍：《德国长期照护保险制度研究及其启示》，《商业研究》2011 年第 3 期。

史云桐：《青岛市养老服务调查报告》，社科院内部研究报告，2014。

鲜于德等：《老人长期护理保险的运行成果评价及制度改革方案》，韩国保健社会研究院研究报告书，2016。

杨菊华、杜声红：《长期照护保险资金的筹措：现状、困境与对策思考》，《中国卫生经济政策研究》2018 年第 8 期。

张仲芳：《国际社会保障动态——应对人口老龄化的长期护理保障体系》，上海人民出版社，2018，第 136 页。

郑秉文：《中国养老金发展报告（2017）——长期照护保险试点探索与制度选择》，经济管理出版社，2017，第 254 页。

Abstract

Coping with population aging positively, building the policy system and social environment of supporting the aged, filial piety and respect for the aged, promoting the combination of medical treatment and maintenance, accelerating the development of the cause and industry for the aged are proposed in the report of the 19th National Congress of the Communist Party of China. Improve the multi-level elderly care service system based on home-based, community-based, fully developed elderly homes and organic combination of medical care and support is proposed in China's medium and long-term plan of actively respond to the aging issued by State Council of the CPC Central Committee. At the same time, vigorously develop private elderly homes and gradually form a pattern of pension services with social forces as the main body is also proposed in this policy. So we can find that elderly homes will play an important role in the construction of the system of social services for the elderly in the future.

This book contains a general report and five sub-reports. The general report is the development report of elderly homes in Beijing. The five sub-reports are as follows: Development report of elderly homes policies, development report of elderly homes in Beijing-Tianjin-Hebei, development report of service supply and demand of elderly homes in four cities, development report on public-private partnerships of elderly homes in Beijing, development report on fund-raising and service of long term care insurance in main developed countries. This book combing fifty-nine policy documents on elderly homes in Beijing since 2000, analyses the highlights of elderly homes policies in metropolis, and then some thoughts are put forward on the future of the elderly homes in Beijing and the coordinated development of the elderly homes in Beijing, Tianjin and Hebei. This book compares the development status of elderly homes in Beijing, Tianjin and Hebei, the staff status of elderly homes and the development status of key cities and regional elderly homes, some issues are put forward as Beijing-Tianjin-Hebei elderly homes need to pay attention to in the future. This book pays attention to the development of elderly homes in Beijing from the perspective of supply and demand, and some countermeasures for the high-quality development of elderly homes in Beijing after comparing with Shanghai, Guangzhou and Chongqing. This book analysis the development status of elderly homes in Beijing, which include the division of labor, positioning and interrelationship of the participants in the operation of elderly homes, six modes of property rights to operate elderly homes, four modes to implement the elderly homes initiated by the government but operated by private entities, running performance of elderly homes initiated by the government but operated by private entities. Finally, this book mainly introduces the long-term care financing system and service system of the liberal welfare state model (taking Britain as an example), the corporatist welfare state model (taking Germany as an example), the social democratic welfare state model (taking Finland as an example), and the East Asian welfare state model (Japan and Korea as an example), and some inspiration to China in establishing long-term care financing and service system.

Keywords: Elderly Homes; Aging Policy; Social Services for the Elderly; Initiated by the Government but Operated by Private Entities

Contents

I General Report

B. 1 Development Report of Elderly Homes in Beijing
Zhang Hangkong, JiangHua, Wang Yongmei and Zhang Lilong / 001

Abstract: This paper analyze policy documents on elderly homes, compares the development status of elderly homes in Beijing, Tianjin and Hebei and find there are nine major contradictions in the coordination of elderly homes in Beijing, Tianjin and Hebei. This paper pays attention to the development of four cities'elderly homes from the perspective of supply and demand, and puts forward countermeasures for the high-quality development of Beijing's elderly homes based on the analysis, explores the development status of Beijing's elderly care institutions initiated by the government but operated by private entities. At last, this paper analyze fund-raising and service of long term care insurance in main developed countries.

Keywords: Elderly Homes; Beijing-Tianjin-Hebei; Initiated by the Government but Operated by Private Entities; Aging Policy

II Topical Report

B. 2 Development Report of Elderly Homes Policies
Zhang Hangkong / 020

Abstract: This report combing fifty-nine policy documents on elderly homes in Beijing since 2000, compares the construction land, construction subsidy, operation subsidy, loan subsidy, personnel and talent support policy, preferential accommodation for special elderly in elderly homes, comprehensive liability insurance, public private construction, star rating and other practices in Beijing, Tianjin and Hebei, analyses the highlights of elderly homes policies in metropolis. Finally, some thoughts are put forward on the future of the elderly homes in Beijing and the coordinated development of the elderly homes in Beijing, Tianjin and Hebei.

Keywords: Elderly Homes; Beijing-Tianjin-Hebei; Aging Policy

B. 3 Development Report of Elderly Homes
in Beijing-Tianjin-Hebei

Zhang Hangkong / 051

Abstract: This report compares the development status of elderly homes in Beijing-Tianjin-Hebei, the staff status of elderly homes and the development status of key cities and regional elderly homes. There are may be nine challenges in the coordinated development of elderly homes in Beijing-Tianjin-Hebei. In the future, elderly homes need to pay attention to the following issues, which include data collection and sharing, the space for the development of elderly homes, the direction of the development of elderly homes' policies, the formulation and implementation of policy, the joint participation of the three governments.

Keywords: Elderly Homes; Nursing Home Beds; Occupancy Rate; Coordinate Development

B. 4 Development Report on Public-Private Partnerships
of Elderly Homes in Beijing

Jiang Hua / 079

Abstract: This report analysis the development status of elderly homes in Beijing initiated by the government but operated by private entities, and then finds that the utilization rate of beds in the main urban area is high, the division of labor, positioning and interrelationship of the participants in the operation of elderly homes, there are six modes of property rights to operate Beijing's elderly homes, there are four modes to implement the elderly homes initiated by the government but operated by private entities, this report evaluates the operation effect of elderly homes in Beijing initiated by the government but operated by private entities. Finally, this report provides some suggestions for the further development of this form of elderly homes.

Keywords: Elderly Homes; Government-owned and Civilian-run; Public-private Partnerships

Ⅲ Special Report

B.5 Development Report of Service Supply and Demand of Elderly Homes in Four Cities

Wang Yongmei, Du Yu / 103

Abstract: This report pays attention to the development of elderly homes in Beijing from the perspective of supply and demand, compares the cognition and demand of elderly for elderly homes in Beijing, Shanghai, Guangzhou and Chongqing, analyzes the excellent experience of the four major cities in elderly homes, puts forward countermeasures for the high-quality development of elderly homes in Beijing based on the analysis.

Keywords: Elderly Homes; Social Services for the Elderly; High-quality Development

Contents

B.6 Development Report on Fund-raising and Service of Long Term Care Insurance in Main Developed Countries

Zhang Lilong, Han Runlin / 137

Abstract: Based on Esping-Andersen and related scholars' theories of welfare state system, this paper mainly introduces the long-term care financing system and service system of the liberal welfare state model (taking Britain as an example), the corporatist welfare state model (taking Germany as an example), the social democratic welfare state model (taking Finland as an example), and the East Asian welfare state model (Japan and Korea as an example). And try to summarize the international experience in the construction of long-term care financing system and service system in welfare countries, and it gives some inspiration to China in establishing long-term care financing and service system.

Keywords: Long-term Care Financing; Long-term Care Services; Welfare State; Care Payment

社会科学文献出版社

皮 书

智库报告的主要形式
同一主题智库报告的聚合

❖ 皮书定义 ❖

皮书是对中国与世界发展状况和热点问题进行年度监测，以专业的角度、专家的视野和实证研究方法，针对某一领域或区域现状与发展态势展开分析和预测，具备前沿性、原创性、实证性、连续性、时效性等特点的公开出版物，由一系列权威研究报告组成。

❖ 皮书作者 ❖

皮书系列报告作者以国内外一流研究机构、知名高校等重点智库的研究人员为主，多为相关领域一流专家学者，他们的观点代表了当下学界对中国与世界的现实和未来最高水平的解读与分析。截至2020年，皮书研创机构有近千家，报告作者累计超过7万人。

❖ 皮书荣誉 ❖

皮书系列已成为社会科学文献出版社的著名图书品牌和中国社会科学院的知名学术品牌。2016年皮书系列正式列入"十三五"国家重点出版规划项目；2013~2020年，重点皮书列入中国社会科学院承担的国家哲学社会科学创新工程项目。

权威报告·一手数据·特色资源

皮书数据库
ANNUAL REPORT(YEARBOOK) DATABASE

分析解读当下中国发展变迁的高端智库平台

所获荣誉

- 2019年,入围国家新闻出版署数字出版精品遴选推荐计划项目
- 2016年,入选"'十三五'国家重点电子出版物出版规划骨干工程"
- 2015年,荣获"搜索中国正能量 点赞2015""创新中国科技创新奖"
- 2013年,荣获"中国出版政府奖·网络出版物奖"提名奖
- 连续多年荣获中国数字出版博览会"数字出版·优秀品牌"奖

成为会员

通过网址www.pishu.com.cn访问皮书数据库网站或下载皮书数据库APP,进行手机号码验证或邮箱验证即可成为皮书数据库会员。

会员福利

- 已注册用户购书后可免费获赠100元皮书数据库充值卡。刮开充值卡涂层获取充值密码,登录并进入"会员中心"—"在线充值"—"充值卡充值",充值成功即可购买和查看数据库内容。
- 会员福利最终解释权归社会科学文献出版社所有。

数据库服务热线:400-008-6695
数据库服务QQ:2475522410
数据库服务邮箱:database@ssap.cn
图书销售热线:010-59367070/7028
图书服务QQ:1265056568
图书服务邮箱:duzhe@ssap.cn

社会科学文献出版社 皮书系列
SOCIAL SCIENCES ACADEMIC PRESS (CHINA)
卡号:974119632437
密码:

基本子库
SUB DATABASE

中国社会发展数据库（下设12个子库）

　　整合国内外中国社会发展研究成果，汇聚独家统计数据、深度分析报告，涉及社会、人口、政治、教育、法律等12个领域，为了解中国社会发展动态、跟踪社会核心热点、分析社会发展趋势提供一站式资源搜索和数据服务。

中国经济发展数据库（下设12个子库）

　　围绕国内外中国经济发展主题研究报告、学术资讯、基础数据等资料构建，内容涵盖宏观经济、农业经济、工业经济、产业经济等12个重点经济领域，为实时掌控经济运行态势、把握经济发展规律、洞察经济形势、进行经济决策提供参考和依据。

中国行业发展数据库（下设17个子库）

　　以中国国民经济行业分类为依据，覆盖金融业、旅游、医疗卫生、交通运输、能源矿产等100多个行业，跟踪分析国民经济相关行业市场运行状况和政策导向，汇集行业发展前沿资讯，为投资、从业及各种经济决策提供理论基础和实践指导。

中国区域发展数据库（下设6个子库）

　　对中国特定区域内的经济、社会、文化等领域现状与发展情况进行深度分析和预测，研究层级至县及县以下行政区，涉及地区、区域经济体、城市、农村等不同维度，为地方经济社会宏观态势研究、发展经验研究、案例分析提供数据服务。

中国文化传媒数据库（下设18个子库）

　　汇聚文化传媒领域专家观点、热点资讯，梳理国内外中国文化发展相关学术研究成果、一手统计数据，涵盖文化产业、新闻传播、电影娱乐、文学艺术、群众文化等18个重点研究领域。为文化传媒研究提供相关数据、研究报告和综合分析服务。

世界经济与国际关系数据库（下设6个子库）

　　立足"皮书系列"世界经济、国际关系相关学术资源，整合世界经济、国际政治、世界文化与科技、全球性问题、国际组织与国际法、区域研究6大领域研究成果，为世界经济与国际关系研究提供全方位数据分析，为决策和形势研判提供参考。

法律声明

"皮书系列"(含蓝皮书、绿皮书、黄皮书)之品牌由社会科学文献出版社最早使用并持续至今,现已被中国图书市场所熟知。"皮书系列"的相关商标已在中华人民共和国国家工商行政管理总局商标局注册,如LOGO( )、皮书、Pishu、经济蓝皮书、社会蓝皮书等。"皮书系列"图书的注册商标专用权及封面设计、版式设计的著作权均为社会科学文献出版社所有。未经社会科学文献出版社书面授权许可,任何使用与"皮书系列"图书注册商标、封面设计、版式设计相同或者近似的文字、图形或其组合的行为均系侵权行为。

经作者授权,本书的专有出版权及信息网络传播权等为社会科学文献出版社享有。未经社会科学文献出版社书面授权许可,任何就本书内容的复制、发行或以数字形式进行网络传播的行为均系侵权行为。

社会科学文献出版社将通过法律途径追究上述侵权行为的法律责任,维护自身合法权益。

欢迎社会各界人士对侵犯社会科学文献出版社上述权利的侵权行为进行举报。电话:010-59367121,电子邮箱:fawubu@ssap.cn。

社会科学文献出版社